Revivendo
LEMBRANÇAS

Maria Teresinha Panelli

Pelo Espírito João do Matto

Revivendo LEMBRANÇAS

Aliança

1ª edição, Junho/2013, do 1º ao 5º milheiro

TÍTULO
Revivendo Lembranças

AUTOR
Maria Teresinha Panelli/João do Matto

REVISÃO
Arlete Genari

DIAGRAMAÇÃO
Sonia Maria da Silva

CAPA
Thais Sandroni Mota

IMPRESSÃO
Vida & Consciência Gráfica e Editora Ltda.

FICHA CATALOGRÁFICA

Dados Internacionais de Catalogação na Publicação (CIP)
— Câmara Brasileira do Livro | SP | Brasil —

Matto,João do (Espírito)
Revivendo Lembranças / pelo espírito João do Matto; [psicografado por] Maria Teresinha Panelli.
--São Paulo : Editora Aliança, 2013.

ISBN: 978-85-88483-94-1

1. Espiritismo 2. Psicografia 3.Romance.
I. Panelli, Maria Teresinha. II. Título

13-05200 CDD-133.9

ÍNDICE PARA CATÁLOGO SISTEMÁTICO:

1. Romance espírita psicografado : Espiritismo 133.9

EDITORA ALIANÇA
Rua Major Diogo, 511 - Bela Vista - São Paulo - SP
CEP 01324-001 | Tel.:(11) 2105-2600 | Fax: (11) 2105-2626
www.editoraalianca.com.br | editora@editoraalianca.com.br

Sumário

Caro leitor

Ao terminar este livro não poderia deixar de agradecer ao querido irmão espiritual, JOÃO DO MATTO, pela maravilhosa surpresa com que me presenteou no decorrer de uma de suas histórias. Tudo foi relatado conforme inspiração recebida por ele. Devo confessar que no início pensei em desistir, pois achava que estava sendo vítima de um Espírito não conhecedor da verdade de Deus; porém, encorajada por minha filha Sueli, que me dizia: "Mãe, acho que deve continuar escrevendo. Sabemos lá o que esse irmão espiritual tem para contar? Seja como for, ele só continuará inspirando-a se Deus assim o permitir", coloquei-me à sua disposição.

Hoje, sinto-me gratificada por ter sido escolhida para escrever este livro. Aprendi muito com suas histórias, que acredito serem verdadeiras, pois tive comprovação em duas delas.

Bem, agora deixo a cargo do Espírito inspirador.

Maria Terezinha Panelli

Parte 1

Confissões que Consolam

O que vou contar-lhes é a mais pura verdade. Fui incumbido pelo plano maior de mostrar o resultado de nossa existência, tanto na vida terrena quanto na espiritual, pois tudo o que fizermos, nesta vida ou em outra, para outrem ou para nós mesmos, um dia haveremos de colher os frutos, e a qualidade desses dependerá das sementes utilizadas. Se semearmos com bastante cuidado, com certeza só colheremos bons frutos.

Começo, então, a relatar tudo o que presenciei por um longo período. Eu diria que foram muitos séculos, se contados pelo tempo terreno.

Encontro-me em um local privilegiado, de onde posso ver todos que chegam e saem. Observo, neste momento, um ser disforme e alquebrado. Não dá para distinguir se é homem ou mulher, pois suas carnes estão dependuradas por todo seu corpo. Cheira mal e não consegue manter-se em pé. Todos os que estão por perto fogem tapando o nariz. Eu o chamo para junto do muro, pois este é o lugar onde permaneço sempre. Assim que se aproxima, pergunto:

— Olá, amigo! Como vai? – pergunta tola a minha, mas tenho que entabular a conversa. Ele olha-me tristemente, respondendo:

— Ah, meu caro! Vou de mal a pior. Como o amigo pode ver, não tenho mais forças para nada. Passo a maior parte do tempo rastejando. Sofro todas as penas imagináveis.

Condoído, mas entendendo o porquê da situação, pergunto:

— Qual é o motivo de tanto sofrimento? – já arrependido por entrar em um assunto para o qual não fui chamado, tento me redimir: – Desculpe! Sei que estou sendo atrevido em perguntar-lhe. Não precisa dizer nada se não quiser.

Juntando um amontoado de carnes, que pareciam ser suas mãos, responde:

— Não, por favor! Não tenho nada que desculpar, pelo contrário, devo agradecer-lhe, pois há muito tempo procuro alguém para conversar, para pedir ajuda, mas todos fogem quando me aproximo, e aqueles que ficam perto de mim só fazem zombar do meu estado. Chamam-me de nojento, fedido e não querem saber de nada – leva o amontoado de carne em forma de mãos ao que parece ser seu rosto. — Agora que encontrei alguém que fala comigo, sem zombar, gostaria de contar a minha triste história.

Faz uma pausa, afasta-se um pouco do muro e senta-se à espera da minha resposta. Eu, que já me acostumei com todas as criaturas que vejo do alto deste muro, com voz calma, encorajo-o:

— Meu amigo, se contar a sua história lhe faz bem, aqui estou eu para ouvi-lo. Não tenha receio nem pressa, pois tenho todo o tempo do mundo à sua disposição.

— Então, prepare-se, pois o que vai ouvir é tenebroso. A história de um homem que nem o direito de ser chamado de homem tem. Aliás, "as histórias" de alguém que teve muita chance de ser uma pessoa do bem, tanto na vida encarnada quanto na desencarnada. Mas, se está mesmo disposto a me ouvir, vamos lá:

— Em uma das minhas muitas vidas, reencarnei como um lindo menino que fez a alegria e a felicidade dos pais, avós, tios e muita gente amiga. Cresci sendo mimado. Todos me faziam a vontade. Quando queria uma coisa, fosse o que fosse, estivesse onde estivesse, custasse o que custasse, eu queria e não abria mão. Minha mãe, que tinha por mim verdadeira adoração, não media sacrifícios para satisfazer os meus caprichos. Assim, cresci me achando o dono do mundo. Desfazia de todos que se aproximavam de mim. Queria ser sempre o melhor em tudo, mas nada fazia para isso. Na escola, sentava sempre perto do aluno mais inteligente, só para poder copiar tudo dele. Os professores fingiam não ver, por sentirem verdadeiro pavor ou porque lhes dava presentes caros, comprando-os, para que se fizessem de surdos e cegos. Assim, nunca repeti nenhum ano. Sempre fui aprovado com notas máximas, para alegria e orgulho dos meus familiares que me exibiam a todos:

— Este menino é nosso orgulho! Vai longe, inteligente do jeito que é!

Mal sabiam eles que, de inteligente, eu não tinha nada e se tinha, só usava para a maldade. Não dá para contar quantos colegas de escola prejudiquei. Muitos foram até expulsos por minha causa. Não sei explicar o porquê, mas tinha grande poder de persuadir as pessoas. Já no primeiro contato, eu os convencia num instante. Não tinha argumento que me vencesse. Assim, tornei-me um homem.

Apesar da minha antipatia, era muito bem recebido. Era bem apessoado: alto, moreno, olhos verdes, num tom que não dava para distinguir qual, mas que deixava qualquer garota encantada. Embora tentassem fugir, viviam sempre a minha volta. Por mais que uma ou outra tentasse resistir-me, eu as tinha a meus pés. Usava e abusava de todas e, quando estava farto, as deixava no desespero. Muitas delas se mataram por amor a mim. Um dia desses, dei de cara com duas delas. Olharam-me com desprezo e fugiram apavoradas. Confesso que fiquei decepcionado, pois essas foram as que mais se apaixonaram por mim. Faziam tudo como eu queria. Eu as prostituía, para que me sustentassem, pois tinha que ter sempre bastante dinheiro no bolso para enganar aos meus pais e parentes, fazendo-os acreditarem que eu tinha um ótimo emprego e era muito bem remunerado. Certo dia, uma delas me disse estar grávida e precisando de minha ajuda, pois quando seu pai descobrisse, com certeza a mataria. Coitada! Não imaginava que acabara de me fornecer o jeito de livrar-me dela. Procurei acalmá-la. Carinhosamente, disse-lhe que não se preocupasse, pois eu daria um jeito. Beijou-me amorosa, dizendo:

— Sabia que podia contar com você! Tenho certeza do seu amor.

Certo dia, estando eu em um boteco, onde várias pessoas bebiam e conversavam, vi entrar um amigo do pai da moça, que também era meu conhecido. Procurei outros conhecidos que ali se encontravam e entabulei conversa. Comecei a falar das minhas conquistas. Contava das minhas intimidades com elas. Contei, vangloriando-me, que uma delas, – disse seu nome bem alto para que o outro pudesse ouvir – estava grávida. Imagine só! Aquela é uma vagabunda. Sai com tudo quanto é homem e agora quer me fazer acreditar que o filho que ela espera é meu! Tem cabimento uma coisa dessas? Vê lá se sou trouxa! – o cara me olhou com ar de desprezo e retirou-se do local.

Sempre morei sozinho, embora minha mãe insistisse para que eu morasse com eles, pois tínhamos uma ótima casa. Gostava da minha independência. Estava em minha casa quando bateram na porta. Ao abrir, deparei-me com a moça que há poucas horas antes eu difamara. A princípio tive pena ao ver o estado da pobre. Estava toda deformada. Disse que alguém contou tudo para seu pai e ele tentou matá-la, batendo-lhe com um pedaço de pau. Ela conseguiu escapar com muito esforço. Abraçou-me, chorando. Desesperada, pediu-me que a ajudasse, pois não tinha a quem recorrer. Desvencilhei-me dos seus braços, esbravejando:

— Saia daqui! Não quero vê-la nunca mais! Você é uma prostituta, portanto, seu filho não tem pai. Saia da minha frente, senão quem mata você sou eu.

Ela olhou-me com um olhar que me queima até hoje, o tempo todo. No dia seguinte, recebi a notícia de seu suicídio. Confesso que por alguns instantes senti uma ponta de remorso, mas foi por pouco tempo, pois logo em seguida exultei de satisfação e falei comigo mesmo:

— Puxa, desta estou livre! Quase que entro pelo cano. Preciso ficar mais esperto com essas idiotas.

Minha vida seguiu normalmente. Já nem me lembrava do ocorrido, quando, no mesmo bar onde espalhei as calúnias sobre Lídia – era esse o seu nome – estava a beber em companhia de uma das minhas vítimas, surgiu um homem rangendo os dentes e rosnando feito uma fera. Parou na minha frente e, como louco, gritou:

— Maldito infame! Pensa que vai continuar desgraçando essas infelizes como fez com a minha filha? Há tempos estou aguardando este momento! Vai pagar caro pela vida da minha filha e de toda a minha família que você destruiu! Procurei me informar quem foi o desgraçado que nos arruinou, até que, finalmente, descobri tudo o que você fez com a vida dela. Pobre moça, inocente, caiu em suas garras! Mas agora vai pagar com a vida o mal que fez à minha filha e a tantas outras moças que tiveram a infelicidade de cruzar seu caminho.

Sem dizer mais nada, olhando-me com os olhos esbugalhados e cheios de rancor, puxou da cintura um punhal tão grande e reluzente, que parecia não ter fim e, sem que ninguém ousasse impedi-lo, enterrou-o em meu estômago, até varar as minhas costas. Não sei explicar exatamente o que senti, ou melhor, que sinto até hoje. Só sei que meu corpo todo estremeceu num redemoinho sem fim. Flutuei por muito tempo sem saber para onde estava indo. Quando finalmente parei, totalmente desorientado, não via nem sentia nada. Era tudo muito escuro e silencioso. Um silêncio que me fazia muito mal. Fazia força para abrir os olhos, mas pareciam estar grudados. Queria abrir a boca, tentar respirar, mas nada. Tentei gritar, mas não consegui emitir nenhum som, e mesmo que conseguisse, ninguém me escutaria.

Sentindo que não adiantava fazer nada, achei melhor ficar imóvel. Acreditava que, ficando bem quieto, o sono chegaria. Assim, permaneci como morto não sei por quanto tempo, mas o tão almejado sono nunca veio.

Depois de muito tempo no mesmo lugar e do mesmo jeito, consegui abrir os olhos. Ah, moço! Confesso que teria sido melhor ter ficado com eles fechados. Foi o que tentei fazer depois do que vi, mas então, aconteceu o contrário, não conseguia fechá-los, por mais que tentasse. Imóvel, podendo mexer apenas os olhos, fui obrigado a assistir a uma procissão horripilante que passava lentamente à minha frente. Quando percebi que nada podia fazer para deixar de ver tudo aquilo, comecei a prestar atenção nas pessoas, quero dizer, nos monstros que desfilavam à minha frente. Espantei-me quando os reconheci. Embora fossem horríveis, quando passavam bem próximos a mim, suas fisionomias se faziam perfeitas. Avistei Lídia. Seu rosto era o mesmo que me encantara por algum tempo: lindo, belos olhos negros, nariz arrebitado, sua boca sensual, lábios carnudos. O corpo perfeito de uma quase menina. Apaixonou-se perdidamente, desde o primeiro momento em que me viu, e eu abusei desse amor sem lhe dar o mínimo valor, pois me aproveitando dele, comecei a usá-lo para que ganhasse meu sustento. O resto da história, já lhe contei. Ela pôs fim à sua vida quando a deixei entregue à própria sorte, quando mais precisou de mim. Ela olhou para mim com os olhos cheios de lágrimas, transmitindo um sofrimento tão grande, que fez meu corpo estremecer. Foi com esse tremor que consegui me mexer. Senti que podia mover minha mão direita. Com grande esforço consegui mexer também a mão esquerda. Aos poucos fui movendo todos os membros do meu corpo. Sentia dores horríveis em toda parte. Consegui sair do lugar que parecia um buraco. Coloquei-me em pé. O cortejo de horrores abriu um espaço. Uma força estranha empurrou-me para a fila e comecei a andar com eles. Após longa caminhada, entramos em um lugar onde não havia sequer uma fresta de luz. De repente, abriu-se um buraco do chão de onde subiu uma enorme labareda de fogo. Dentre as chamas saiu um ser monstruoso que começou a gritar e esbravejar com a voz tão alta e forte que mais parecia uma trovoada. Dava ordens a outros seres, tão horríveis quanto ele, que foram empurrando os que chegavam para um buraco cheio de lama. Meu estômago embrulhou-se e comecei a vomitar sangue sem parar. Fiquei apavorado. Comecei a gritar feito doido. Um dos monstros veio até onde eu estava, dando-me tremendo empurrão, jogando-me dentro do buraco, soltando gargalhadas estridentes. Caí lá dentro e ali começou meu verdadeiro purgatório. Moço, tudo o que passei e senti antes, foi o que se pode chamar "café pequeno". Com meu corpo todo enterrado no escroto e na podridão, só com parte da cabeça para fora, do queixo para cima, passei a presenciar coisas que nunca imaginei pudessem existir nem no mais profundo do inferno. Vi seres deformados que tinham todas as características de seres humanos, mas eram verdadeiras feras. Arrancavam os olhos uns dos outros e comiam como se fosse um suculento bife. Enchiam suas descarnadas mãos de detritos líquidos e tomavam como se fosse uma cerveja bem gelada. Faziam suas necessidades sobre as mãos e comiam como se fossem saborosos doces. Sentia-me cada vez mais enojado. Depois de muito tempo que estava ali, um ser aproximou-se de mim. Tentando levantar a cabeça, com muito esforço para deixá-la de fora, chamou-me pelo nome que eu tinha quando encarnado, dizendo que estava ali por minha culpa. Pelo som da voz, percebi se tratar de uma mulher. Disse que deveria sentir-se satisfeita por me ver naquele lugar, pagando junto com ela pelos nossos pecados, mas, o que sentia era muita pena. Se pudesse, tirar-me-ia daquele buraco com muito gosto. Por ter-me amado muito em vida, não suportava ver-me ali. Chorando, disse que me perdoava pelo grande mal que lhe fiz quando encarnados. Nessa hora revi toda a minha vida na minha última encarnação. Foi como assistir a um filme. Quanta maldade eu fiz. Que tremendo canalha eu fui. Confesso que senti uma ponta de remorso, mas logo me toquei e me perguntei – Que é isso? Logo eu, sentindo remorso? Eu, um cara que nunca soube o que é isso! Ora, se ela veio parar aqui foi por culpa dela! Afinal, foi ela quem tirou a própria vida! Dela e da criança que estava esperando. Foi como eu disse: ela era uma prostituta e, sendo assim, seu filho não tinha pai. Portanto, a culpa dela estar aqui era só dela. As pessoas devem pensar bem antes de cometer um crime. Fazem o que dá na cabeça sem pensar nas consequências e depois colocam a culpa nos outros. É muito fácil. Tudo bem, fui um canalha com ela, mas nem por isso ela tinha o direito de tirar sua vida e a do filho. No meu entender, a criança não tinha pai, mas tinha mãe, a qual deveria ter lutado contra tudo e todos para salvar seu filho. Já vi tantas mães criarem seus filhos sem pai, e com muito amor. Fiquei olhando-a enquanto analisava tudo isso. Confesso que senti pena. Quanto mais a observava, mais aumentava meu sentimento de culpa. Em dado momento, ela passou a mão descarnada na minha cabeça imunda. Dos seus olhos, vi descerem duas lágrimas. Quando dei por mim, senti que também dos meus olhos corriam lágrimas que me queimavam como se fosse o fogo do inferno. Então, despencamos a chorar, mas as lágrimas já não queimavam mais meu deformado rosto. De repente, eu me vi em um lugar diferente. Não havia nada de belo ou de muito melhor, mas também, já não era mais aquele buraco imundo e fedorento, onde eu me encontrava há tanto tempo. Conseguia respirar melhor, sem ter que engolir aquela podridão. Olhei ao meu redor e não vi aqueles seres monstruosos que me batiam, dando gargalhadas estridentes. Dois vultos vieram em minha direção. A princípio, irreconhecíveis, mas quando chegaram mais perto, pude ver quem eram. Um era Lídia, que saiu daquele local junto comigo. O outro era Denise, outra garota que consegui prostituir para que me sustentasse. Ambas foram loucas por mim, faziam tudo o que eu ordenava, sofriam as mais baixas humilhações, conquanto que eu não as abandonasse. Todas afirmavam que jamais aceitariam a vida sem mim. Diziam que se fossem abandonadas por mim, elas se matariam, com certeza. Eu zombava, rindo descaradamente, sem dó nem piedade. Denise olhou-me com nojo. Nos olhos de Lídia, percebi pena, mas a outra puxou-a pelos trapos que cobriam seu corpo apodrecido e foram desaparecendo no meio daquela multidão de monstros.

— Agora, estou neste lugar. Não faço a mínima ideia de por que vim parar aqui. Este lugar parece horrível, mas se comparado com onde estive até chegar aqui, acho que estou no céu. Esta história faz parte de uma das minhas encarnações. Eu gostaria de ouvir o que tem para dizer de tudo o que acabei de contar, se não for pedir demais.

Ouvi pacientemente toda a história, sem interromper. Estou acostumado, que ao final de cada uma delas – ouvi tantas que já perdi a conta, mas tenho que ouvi-las com atenção, pois esta é a minha missão – devo dar-lhes um parecer verdadeiro.

Dei um tempo para que ele respirasse e para que eu me inspirasse. Quando tive a certeza de que ele estava pronto para ouvir e eu para falar, comecei:

— Amigo, a cada história que escuto mais me convenço da lei sagrada da causa e efeito, da lei do retorno e do acerto de contas conosco mesmo. Convenço-me de que toda a nossa dívida tem que ser paga, e cada vez mais, tenho a prova de que Deus não nos cobra nada. Ele deixa tudo para a nossa consciência, que Ele fez tão perfeita. E nós, que somos crias da perfeição, na nossa hora da verdade, não queremos ficar devendo nada a ninguém, muito menos ao nosso criador. Por isso, quando nos vemos nos piores lugares – que jamais em nossas vidas carnais podemos supor que existam –, sem sabermos o porquê de estarmos ali, buscamos forças para suportar todo o sofrimento, por mais cruel que seja.

Erguendo a massa que agora já está um pouco parecida com uma cabeça humana, ele pergunta:

— Você poderia responder por que vim parar aqui?

Comecei a dar-lhe a explicação que me foi passada pelo plano maior:

— Existe uma razão muito simples para isso. Todo o bem que fazemos a outrem reverte-se a nosso favor. Lídia também saiu daquele lugar junto com você. Sem perceber, vocês se ajudaram. Ela sentiu pena da sua situação, em vez de sentir prazer pelo seu sofrimento; o amor que lhe dedicou falou mais alto do que o sentimento de vingança. Você, por sua vez, sentiu remorso, por ela estar sofrendo naquele lugar. Mesmo pensando que a culpa tinha sido só dela, por ter tirado sua vida e da criança que trazia no ventre, você chorou por ela. Nesse mesmo instante, você e Lídia foram ouvidos pelo anjo guardião de cada um, que veio em socorro de ambos, levando-os para um lugar um pouco mais ameno, onde pudessem, pelo menos, movimentar-se sem engolir detritos e podridão.

Ele, que escutava com atenção, interrompeu-me:

— Você disse "nosso anjo da guarda!" Mas, será que ele ainda está perto da gente? Se é que ele realmente existe. Para falar a verdade, nunca acreditei nisso, sempre achei que era coisa para enganar criancinhas.

Olhei seriamente para ele. Sentindo pena do seu estado, respondi:

— Pode acreditar que eles existem e que nunca nos abandonam, nem por um segundo. Às vezes, são obrigados a se afastarem de nós por causa dos nossos procedimentos, mas não nos abandonam. Ficam de longe, esperando que nos arrependamos do mal que estamos fazendo. Ao darmos uma pequena deixa, aproveitam para fazer com que enxerguemos que estamos agindo contra a vontade de Deus e fazem o que fizeram seu anjo de guarda e o de Lídia. Quando vocês choraram, sentindo compaixão um pelo outro, rapidamente eles os transportaram para um lugar onde seus sofrimentos se tornaram menos penosos. Em vista disso, posso lhe garantir que cada momento de arrependimento sincero, que cada vez que sentir compaixão por alguém, seu anjo o transportará para lugares cada vez melhores.

— Quer dizer que ainda tenho salvação, apesar da pessoa má e inconsequente que fui?

— Com certeza absoluta! Deus sempre nos dá uma nova chance, mas temos que usar de toda sinceridade, pois a Ele ninguém consegue enganar.

Olhou-me sério, passou a mão, que já não estava tão descarnada, pelo rosto, deu alguns passos para lá e para cá, parou e olhou-me novamente, dizendo:

— Gostei de conversar com você. Fez-me enxergar coisas importantes. Ensinou-me aquilo que meus pais, no afã de me exaltar, achando-me o mais belo e inteligente do mundo, deveriam ter-me ensinado. Cresci sem ouvir falar muito em Deus e, quando ouvia, era só para dizer "Deus me livre", "Deus me defenda". Nunca me ensinaram o que Deus é realmente. Só agora tomei conhecimento do que Ele representa em nossa vida. Juro, meu irmão, que se tivesse conhecido Ele antes, não teria sido do jeito que fui. Teria tirado melhor proveito da minha vida na Terra. Reconheço o grande canalha que fui. Mas, que fazer? Agora é muito tarde. Tenho que pagar minhas dívidas, mas depois de tudo o que ouvi você dizer, aceito todo meu sofrimento e ainda acho pouco, tudo o que passei durante tanto tempo. Acho que para conhecer esse Deus de quem você falou, faço questão absoluta de passar pelo dobro do que passei desde que saí do meu corpo carnal, só para ter a esperança de uma oportunidade de um dia, quem sabe, eu poder chegar perto Dele. Muito obrigado, meu irmão! Agradeço-lhe muito pela grande ajuda que me deu. Se não o tivesse encontrado em meu caminho, jamais conheceria toda essa verdade.

Enquanto falava, seu corpo foi se transformando; as carnes podres iam caindo, como se fossem roupas velhas e rasgadas e, sem que percebesse, segurou minha mão que o levantou – estava leve como uma pena –, passou por cima do muro e desceu do outro lado. Uma luz suave, de uma cor que não dava para distinguir qual era realmente, o iluminou por inteiro. Confesso que poucas vezes vi algo tão bonito. Envolvido por aquela luz, caminhou por uma estrada forrada de grama verde, ladeada por flores de todos os tipos e cores.

Virei-me para o outro lado do muro agradecendo a Deus pela oportunidade de, em seu santo nome, salvar mais um dos seus filhos que estava perdido. Rogo ao Pai que me dê novas oportunidades iguais a esta, pois a cada irmão que ajudo a transpor este muro, sinto-me galgando mais um degrau para o meu retorno à sua casa.

Parte 2

Amor Filial

Ao terminar minhas orações em agradecimento a Deus, ergui a cabeça e olhei para os lados, procurando, entre aqueles infelizes, quem se aproximaria do meu muro. Não precisei esperar muito. Logo se aproximou alguém. Desta vez deu para reconhecer que se tratava de uma mulher, embora estivesse em péssimo estado. Parou em frente a mim:

— Desculpe incomodá-lo. Eu presenciei tudo o que aconteceu ainda há pouco. Fiquei emocionada e comovida com o que vi.

Respondi, admirado:

— Como pode ser? Pelo que sei, não é permitido a ninguém ver o que se passa com um ser quando ele está em transformação.

Ao dizer isso, ouvi alguém me chamar do outro lado.

— João do Mato! Não se admire da vontade do Pai! Deixe a mulher falar! Escute-a e depois tire suas conclusões.

Pedi desculpas em pensamento, dirigindo-me à mulher, pedi que continuasse. Ela, sem saber do meu encargo de consciência, continuou:

— Aquele homem com quem você falava foi o único e grande amor de minha vida na Terra. Por esse motivo, apesar de todo o mal que me fez, não consigo sentir raiva dele e, quando sinto, é só por alguns instantes. Quando o vi transformar-se naquela luz tão bonita, senti-me muito feliz por ele, pois não queria vê-lo sofrer do jeito que estava sofrendo.

Hesitei por um momento, então perguntei:

— Você o conhece há muito tempo? Fizeram parte um da vida do outro?

Ela baixou a cabeça e fez um gesto com sua mão descarnada:

— Sim, já vivemos várias vidas juntos. Tantas que até perdi a conta, ou melhor, prefiro fingir que não me lembro. Mas, quando estou só, o que acontece quase sempre, nesta vida de sofrimento que eu mesma procurei, todo meu passado vem à tona. Tive muitas chances de melhorar, mas sempre me deixo levar pelas minhas fraquezas, esquecendo sempre os planos que eu mesma faço para minha próxima reencarnação, uma após outra. Planos estes de crescimento espiritual, pois quero mudar para melhor a cada nova reencarnação. Quando criança, aprendo tudo com muita facilidade. Posso até ensinar os mais velhos, principalmente sobre a vida espiritual. Mas aí a infância se vai, torno-me adulta, encontro-me com aquele que está destinado a fazer parte das minhas reencarnações e, mais uma vez, tudo se modifica. Esqueço-me, ou melhor, esquecemo-nos de todos os planos traçados por nós e tornamos a cometer os mesmos erros e os mesmos crimes. Sim, sempre fomos criminosos e, para piorar, ainda induzimos outras pessoas a praticar crimes também.

Confesso que fiquei compadecido daquele pobre ser. Dirigi-lhe um olhar cheio de amor fraternal. Ela comoveu-se e, também com um olhar, sem dizer uma só palavra, agradeceu-me. Falei-lhe com a voz tomada pela ternura:

— Se achar que lhe faz algum bem falar sobre o que a atormenta, estou aqui para ouvi-la e para ajudá-la, se assim me for permitido.

Nesse momento, eu já estava preparado para ouvir mais uma longa e triste história, pois este é o meu papel desde que fui enviado para cima deste muro, há muito tempo. Mas, aqui só consegue chegar aquele que deu algum passo para o caminho; quando começam a sentir piedade por algum semelhante, ou porque alguém está sentindo piedade dele. Principalmente, se for alguém a quem ele fez muito mal, pois a piedade é o passo que nos leva mais depressa para a salvação.

Ela agradeceu:

—Sim, eu gostaria muito de contar uma das tantas histórias das minhas reencarnações. Esta é a última. Faz tanto tempo! Nem sei dizer quanto. Já passei por tantos lugares horríveis, que este me parece o paraíso, embora esteja sofrendo muito aqui. Mas não me queixo; sei que a culpa é minha por estar aqui. Estou cansada de ir e voltar, percorrendo sempre os mesmos caminhos. Eu quero muito mudar e juro que, se tiver uma nova chance, estarei sempre alerta. Não deixarei mais que aquela habitual fraqueza tome conta de minha vida novamente.

— Eu e aquele ser que acabou de sair daqui envolto naquela luz fizemos parte de muitas vidas juntos, mas na última encarnação viemos para nos redimir de todas as nossas falhas. Eu estava conseguindo cumprir minha missão. Fui boa filha, sempre amiga dos meus irmãos, parentes e amigos. Nunca tive inimigos. Meus pais confiavam em mim, por isso, davam-me toda liberdade. Quando o conheci, apaixonei-me perdidamente por ele. Acreditava que também me amasse. Ele foi o meu único namorado. Fez mil promessas, inclusive de casamento. O tempo foi passando e as promessas também. Ele soube me enredar pelo caminho da prostituição. Tornei-me uma garota de programa. Dizia que estava em situação financeira muito difícil, e só eu poderia ajudá-lo.

Fazia chantagem emocional, dizendo que isso seria uma prova do meu amor (como se não bastasse ter me entregado a ele de corpo e alma). Apaixonada como estava, não conseguia resistir. A cada dia que passava, mais eu afundava na lama da prostituição. Todo o dinheiro que ganhava entregava a ele. Até que engravidei e só então me dei conta de minha total decadência. Sacrifiquei a vida e a moral de minha família, que sempre fez de tudo para que nunca me faltasse nada.

Nesse momento, não consegui conter a minha curiosidade. Embora já soubesse qual seria a resposta, perguntei:

— Por acaso, o seu nome é Lídia?

Surpresa, ela me respondeu:

— Sim! Você me conhece? Ou conhece a pessoa de quem estou falando? – levou a mão à cabeça. — Que tola! Claro que o conhece, pois acabou de ajudá-lo a se transformar naquela luz maravilhosa. Com certeza ele já lhe contou a nossa história.

— Não a história toda, mas pelo que me contou deu para deduzir que se tratava de você. Minha querida Lídia, sempre há o perdão. Deus, em sua infinita misericórdia, sempre nos dá mais uma chance. Se você se arrepender realmente, dirigir-se a Ele de coração aberto, pedir perdão por seus pecados, procurando não cometer mais os mesmos erros, tenho certeza absoluta que será perdoada.

Olhou-me tão tristemente, que deu pena. Com lágrimas escorrendo pelo seu rosto, que já não estava tão desfigurado, respondeu:

— Não, meu irmão! Sei que não mereço o perdão de Deus. Não se esqueça que cometi o mais grave dos crimes. Por covardia, tirei minha própria vida e a do ser que carregava em meu ventre. Além disso, a culpa não foi somente dele, foi muito mais minha, pois não soube me desviar das tentações do mundo carnal. Foi por causa da minha fraqueza que meu pobre pai tornou-se um assassino, tirando uma vida que só Deus tinha o direito de tirar. Sofro muito mais, por ver o meu querido e amado pai destruído por minha culpa.

Chorando muito, não conseguiu continuar. Despediu-se e foi embora, caminhando lentamente, rumo ao nada, até desaparecer completamente.

Passei algum tempo pensando nos dois. Após ouvir tantas histórias, muitas até mais tristes do que a deles, chego sempre à mesma conclusão: "temos que pensar muito antes de tomar qualquer atitude, pois quando fazemos algo sem pensar, com certeza acabamos cometendo graves delitos, e, um dia, inevitavelmente, o arrependimento chega". Feliz daquele que se arrepende enquanto encarnado, pois deste modo ele tem a oportunidade de reparar, na mesma encarnação, a quem ele prejudicou, podendo assim retribuir um grande mal com o bem.

Parte 3

O Primeiro Passo

Encontrava-me absorto em meus pensamentos quando um ser se aproximou.

Sentou-se de cabeça baixa, calado. Esperei por alguns instantes. Como permaneceu calado, procurei entabular conversa, pois estou aqui para isso; ninguém que se aproxima deste muro vai embora sem falar do problema que o aflige. Este é o começo do caminho da sua redenção, pois para chegar aqui, ele já teve, nem que apenas por um instante, um pensamento de arrependimento e de piedade pela pessoa a quem prejudicou. Por isso, Deus, que está sempre alerta em todos os nossos atos, não deixa escapar nada, nem o mínimo pensamento ou atitude. Também não deixa escapar nenhuma oportunidade de salvar um filho seu. Então, é encaminhado para este lugar. Chegando aqui, sente um grande desejo de falar. Não consegue sair daqui sem contar a sua história, que é sempre muito dolorosa. Aquele que esteve aqui antes de Lídia transpassou este muro porque sua culpa foi menor do que a dela. Foi um crime enorme o seu procedimento em relação a ela e a outras moças que cruzaram seu caminho, mas ele não tirou a vida de ninguém. Portanto, pelo menos nessa encarnação, ele não foi um homicida. Entretanto, no que se refere à Lídia, ela sim, praticou homicídios, pois além de tirar a própria vida, ceifou também a vida do filho que carregava no ventre, negando assim, a esse irmão, a oportunidade de uma nova reencarnação, o que, com absoluta certeza, era uma missão com a qual ela concordou antes de reencarnar. Ela agiu contra os desígnios de Deus. Por conseguinte, não encontrou forças ainda para transpor este muro. Apesar de sentir piedade do homem que lhe fez tanto mal, também sente muita culpa por ter levado aquele que foi seu pai, nessa última encarnação, a tirar a vida de um ser humano e também a própria vida, pois ele também está aqui sofrendo por conta dos crimes que cometeu. Ela não pensa em sair desse lugar; quer ficar junto ao pai.

Vendo aquele ser tão cabisbaixo e triste, entabulei conversa.

— Olá, companheiro! Tudo bem? – ele fez um sinal com a mão. Fingi que não entendi e continuei: — Desculpe a insistência, mas eu gostaria de trocar um dedo de prosa com alguém, mas, pelo que vejo, o companheiro não está a fim de conversar, não é?

Como não respondeu, parei de insistir.

— Desculpe mais uma vez.

Ele finalmente moveu-se e, mesmo permanecendo sentado, ficou de frente para mim. Ergueu o rosto desfigurado e, olhando-me tristemente, respondeu:

— Eu também gostaria muito de conversar com alguém, mas como tenho certeza que o que eu tenho para falar não vai interessar a ninguém, prefiro ficar calado. Aliás, há muito tempo permaneço calado. Faz tanto tempo que não falo com ninguém que quase não reconheço minha voz. Por isso, peço licença ao companheiro para me retirar. Acredite, minha conversa vai lhe chatear muito.

Com esforço, levantou-se e deu um passo à frente. Eu, que já havia chegado até ali, e que de modo nenhum iria perder o fio da meada, apressei-me em fazê-lo voltar:

— Pois torno a dizer que estou com muita vontade de conversar com alguém. Por isso, seja qual for o motivo da sua conversa ou da sua história, saiba que terei o maior prazer em ouvi-lo. Por favor, diga tudo o que tem vontade de dizer. Prometo que o escutarei e respeitarei sua história, seja ela qual for.

Ele pigarreou, passou a mão nos lábios deformados para limpá-los e começou:

— Já que faz questão de ouvir, vou lhe contar o porquê de eu estar aqui neste estado tão deplorável. Mas, já vou avisando que minha história não é nada agradável de ouvir. Eu sou um fraco, pois já perdi a conta das vezes que encarnei e desencarnei, sempre com o firme propósito de deixar esta minha fraqueza e ser o que Deus me criou, pois Ele jamais faria de mim um fraco. Se não O conhecesse bem, diria que já perdeu as esperanças de que eu venha a me corrigir. Porém, Ele jamais desiste. Por isso, sempre antes de uma nova reencarnação, ciente de todas as provas que terei de enfrentar, prometo a mim mesmo suportar tudo o que vier pela frente, mas nada disso acontece. Passo por pequenas provações e, achando que estou sendo um herói, conto a minha façanha a todo mundo. Faço questão de exaltar o tamanho da minha cruz a todos, achando que maior do que a minha não existe. Daí, como é natural, pelo que eu mesmo me propus a carregar para minha redenção perante o criador antes de reencarnar, deparo-me com minha verdadeira cruz. Então, o que faço? Qual é minha primeira reação? Vingar-me de todo o mal que me fizeram, a qualquer custo, não importando quem vou ferir. Esqueço-me de todas as promessas feitas a mim mesmo do outro lado e das vezes que tive de viver em lugares muito piores do que este. Aqui até parece um paraíso, se comparado com os outros.

Eu, que esperava uma deixa para tecer um comentário, aproveito a chance:

— O que acabo de ouvir é muito interessante! Pelo menos aqui você já não acha sua cruz maior que a dos outros!

Eu acho que já é um bom começo. Mas, desculpe-me, continue sua história.

Não dando importância às minhas palavras, continuou:

— Assim, novamente vim parar aqui, arrependido de todo o meu procedimento na crosta terrestre. Mas, de nada adianta este arrependimento, pois como tantas outras vezes ele chegou muito tarde. Sei que para alcançarmos a salvação temos que ter uma conduta exemplar quando encarnados. Não adianta nada chegar aqui e só se arrepender por conta do sofrimento que nós mesmos causamos, por não sabermos cumprir a missão quando recebemos a chance que Deus nos dá. Por isso, estou conformado com meu destino neste lugar. Como disse anteriormente, para mim é um paraíso o qual não mereço.

Compadecido de sua fraqueza, pergunto comovido:

— Se reconhece que foi tão fraco, por que não pede mais uma chance? Se estiver tão arrependido como diz, tenho certeza que a oportunidade virá. Torne a reencarnar, mas, com o firme propósito de melhorar. Peça a seu anjo de guarda que não o deixe cair em tentação alguma. Lembre-se dele toda vez que sentir desejo de vingança. Mesmo que alguém lhe faça um grande mal, ore por ele e por você também. Verá que a sede de vingança passará em poucos momentos e, quem sabe, vocês venham até a se tornarem amigos.

Ele responde, desanimado:

— Qual nada! Quando estou para reencarnar, proponho-me a fazer tudo diferente, com a certeza que vou conseguir, mas quando estou lá, mudo tudo. Torno-me uma pessoa que nunca deveria ser.

Continuando penalizado, pois sinto que ele está sendo sincero, pergunto:

— Pode me contar o que aconteceu, nesta última encarnação, que o deixou assim, tão desanimado? Quem sabe um desabafo sincero o ajudará.

Ele deu dois passos para a frente, voltou-se, devagar, como se estivesse resolvendo se contaria ou não; em seguida, sentou-se novamente na pedra e disse:

— Sim, meu amigo, você tem razão. Eu gostaria muito de desabafar com alguém. E, considerando que neste lugar ninguém fala com ninguém, vou aproveitar a oportunidade que me oferece. Se me deram a chance de encontrar, mesmo neste lugar, alguém disposto a ouvir minha escabrosa história, é sinal que ainda tenho alguma chance. Vou lhe contar como tudo aconteceu, desde que era criança ainda. Eu nasci em uma boa família. Meus pais eram humildes, porém honestos. Muito religiosos, faziam questão que os filhos também fossem. Desde pequeninos nos levavam à igreja todos os domingos. Fizesse chuva ou sol, lá estávamos nós, na presença de Deus, compenetrados em tudo o que nos era ensinado. Éramos uma família feliz. Meu pai trabalhava muito para que não nos faltasse nada. Assim, fomos crescendo, eu e mais seis irmãos, três homens e três mulheres. Eu era o mais velho de todos e por isso fui o primeiro a começar a trabalhar para ajudar a família. Meu primeiro emprego foi a melhor coisa que tinha me acontecido na vida. Ao receber meu primeiro salário, foi como se tivesse ganhado na loteria. O tempo passou rápido, conheci uma bonita moça, também de família humilde, mas muito boa. Logo nos casamos e foram nascendo os filhos, duas meninas e um menino. Eu me sentia o rei do universo. Era um homem honesto e trabalhador, cópia fiel do meu pai. Meus filhos cresceram rápido. A mais velha tornou-se uma linda moça, meiga, honesta, religiosa e, eu tinha toda confiança nela. Nunca havia dado motivos para que eu ou a mãe a repreendêssemos em nada, sempre conduzia seus irmãos ao bom caminho, cuidava deles como se fosse sua mãe...

Nesse momento, um soluço sentido cortou sua voz. Senti muita pena, mas não disse nada. Esperei que se recuperasse. Ele chorou por algum tempo e recomeçou sua história:

— O amigo sabe o que é isso? Uma pessoa tão boa e pura como minha filha, de repente, cair na boca do povo, como uma vadia qualquer? Sim, meu amigo, foi isso mesmo o que aconteceu. A minha menina, aquela que era todo o meu orgulho, na boca do povo, sendo comentada por vagabundos, embriagados dentro de um botequim, como uma prostituta qualquer? Parece mentira, não é? Eu também achei que fosse, quando um conhecido, que frequentava aquele maldito bar, me disse o que ouviu da boca de um desses desgraçados. O maldito contava suas proezas, suas aventuras com as moças que ele degradou, e, dentre elas, minha filha. Eu estava pronto para esmurrá-lo, por inventar uma calúnia tão grave, quando ela apareceu e segurou a minha mão, desesperada:

— Pai, não faça isso! Venha, vamos para casa, preciso falar com o senhor.

Eu a segui calado, querendo não acreditar no que acabara de ouvir. Falava para mim mesmo: "Aquele desgraçado devia estar bêbado e não ouviu direito o nome que o outro falou, só pode ser isso. Chegando em casa, minha filhinha vai desmentir tudo. Eu faço de conta que não foi nada e, quando o encontrar, farei com que me peça desculpas, nem que tenha de terminar o serviço, dando-lhe aquele merecido soco na cara". Pensando assim, consegui me acalmar. Ao chegar em casa, minha filha imediatamente começou a falar. Perdi toda a calma, até então mantida, pois o que ela me dizia era terrível. Num esforço tremendo, calei-me e fiquei olhando para ela. Sem conseguir me encarar, muito trêmula, ela continuou:

— Pai, eu tenho uma confissão muito grave para fazer. Sei que o senhor não vai me perdoar, mas não posso mais esconder a verdade. Só lhe peço que procure manter a calma, embora saiba que vai ser muito difícil. Juro, querido pai, que tudo o que vou lhe contar não aconteceu por minha vontade. O senhor e a minha mãe sempre nos ensinaram tudo o que é certo e errado. Eu sempre procurei ajudá-los na educação dos meus irmãos, no entanto, eu, que deveria ser um exemplo de honestidade para eles, desobedeci a tudo o que me ensinaram com tanto amor. Traí a confiança que em mim depositaram. Fui fraca a ponto de amar alguém que não merece sequer um pensamento meu. Acreditei nessa pessoa até o extremo, dando-lhe a prova de amor que ele me exigiu. Ah, pai! O senhor não imagina em que se tornou a minha vida desde então. Tenho sofrido todo tipo de humilhação. Por várias vezes tentei deixá-lo, mas nunca tive forças; meu amor por ele não me deixava enxergar mais nada. Por ele, tornei-me uma prostituta. Desci até o último degrau que uma mulher pode chegar. Não sei mais o que fazer. Resolvi contar tudo, porque não podia mais esconder minha traição. Sei que o senhor não vai me perdoar nunca, aliás, não peço seu perdão, pois sei que não tenho direito a ele. Tenho consciência do mal que fiz ao senhor e a toda minha família. Sendo assim, tomei a decisão de deixar esta casa. Depois de tudo que lhe contei, não teria mais coragem de encarar o senhor, minha mãe e meus irmãos. Além do mais, estou esperando uma criança, cujo pai nem sei quem é. Hoje, sou uma prostituta e vendo meu corpo por qualquer preço para sustentar aquele que destruiu a minha vida e a de todos que amo.

— Estarrecido, não consegui dizer uma só palavra. Não enxergava mais nada em minha frente. Só via aquela mulher, que para mim havia se transformado em uma pessoa estranha. Minha cabeça rodava. Não sei dizer como, só sei que me vi com um pedaço de pau na mão. Comecei a açoitar aquela pessoa que estava em minha frente. Batia sem sentir nada. Os meus olhos ardiam como se estivessem em chamas. Comecei a ver vultos. Eram pessoas que vieram socorrê-la. Tentaram me segurar, mas eu tinha a força de dez homens. Soltei-me e corri e, quando dei por mim, estava segurando um punhal, que não sei como apareceu em minhas mãos. Entrei no maldito botequim e, embora eu não o conhecesse, uma força me empurrou para junto dele. Olhei-o, cheio de rancor, e balbuciei palavras as quais não me lembro. Senti o punhal enterrar-se em suas carnes. Nesse momento, tudo ficou muito claro, como a luz do sol. Só então me dei conta de quem eu era, de como fui fraco em não amparar minha filha, pobre e inocente vítima, que eu deveria entender e defender com todo meu amor de pai abnegado que sempre fui. No entanto, quase a matei. Dei-me conta de que talvez ela estivesse morta nesse momento. Diante das pessoas que não conseguiam nem se mexer diante do crime horrendo que eu acabara de cometer, como um louco, arranquei o punhal da barriga da minha vítima e o enterrei em meu peito, cometendo assim, mais uma das minhas fraquezas.

— Quando nos encontramos no plano maior, temos a consciência que tanto aqui como em qualquer lugar que estejamos, enquanto encarnados, existe o bem e o mal e isso é permitido por Deus, justamente para que aprendamos a lidar com nossas fraquezas. Temos obrigação de sermos mais fortes do que essa força que nos leva à loucura, que nos empurra a cometer crimes hediondos contra nossos semelhantes, até mesmo com pessoas do nosso próprio sangue, nossos entes queridos, como fiz com minha amada filha. Vemos diariamente, nos noticiários, manchetes que nos deixam estarrecidos. Pai que matou o próprio filho, irmão que assassinou o próprio irmão. Dizem os religiosos – no que concordo plenamente – que os pais devem ensinar religiosidade às crianças desde pequeninas. Mas devem também lhes ensinar que existem as tentações e que elas devem ser muito fortes para resistir. Eu sei que dizer EU AMO DEUS é muito fácil, o difícil é darmos provas que o amamos realmente, e resistirmos às tentações, é a maior delas todas. Mas veja você, eu sei de tudo isso. No entanto, aqui estou, pagando minha dívida, a qual contraí contra dois dos meus semelhantes. Aliás, tenho que dizer três, porque minha filha carregava no seu ventre um ser que deveria nascer pela vontade de Deus. Quem sabe se não seria para resgatar, futuramente, as dívidas de seus pais. No entanto, eu, com minha fraqueza, impedi que isso se consumasse. Veja quantos crimes cometi num momento de fraqueza. Sem contar os desgostos que fiz toda minha família sofrer por causa dos meus crimes. Por isso repito, que ensinar religião para nossas crianças é de fundamental importância, mas só isso não basta. Temos que ensiná-las a serem fortes e, principalmente, honestas. Que nunca devemos nos apoderar de nada que não nos pertença, principalmente da vida do nosso semelhante. Não importa o mal que sofremos por causa de uma pessoa; temos que deixá-la por conta das autoridades, tanto da Terra como do céu. Temos que dar a ela a oportunidade de se arrepender do mal que causou a outrem, deixando-a sofrer as consequências do seu ato. Porque, além do que ela vai sofrer numa prisão, ainda tem o ajuste de contas nesta outra vida. Dependendo do que já resgatamos e do arrependimento sincero, a pena não será tão grande, como a minha, a de minha filha e a daquele ser de quem tirei a vida, sem permitir que ele cumprisse seu destino nessa encarnação na Terra.

Após ouvir atentamente toda a história, sem interrompê-lo, eu disse:

— Mas, creio que pelo seu adiantado conhecimento e arrependimento, que sinto ser sincero, se você rogar ao plano maior, lhe será concedida uma nova oportunidade, pois conheci há pouco tempo uma pessoa envolvida em sua história que teve essa chance. Por que o irmão não tenta? Vamos, tenha fé! Você sabe o quanto Deus é misericordioso para com seus filhos.

Levantou-se novamente, deu seus costumeiros passos antes de responder, pensou por alguns instantes e disse:

— Eu sei muito bem disso, mas acho que ainda não fui punido o bastante por todos os crimes que cometi. Se for perdoado tão facilmente, acredito que nunca vou crescer diante de mim mesmo. Tenho que sofrer as consequências até o fim, devo aprender a ser forte diante de qualquer prova no mundo no qual vou tornar a viver, se Deus me der a chance de reencarnar novamente. Já sei, de antemão, que vou ter que enfrentar muitas dificuldades. Não quero mais voltar para este sofrimento, que se comparado com o do mundo em que reencarnamos, não é nada. Ali, quem sofre as penas de uma prisão, onde tem alimentação diária, água para beber e uma cama para descansar o seu corpo (que nem cansado está, pois na maioria das prisões não se faz trabalho algum e ainda se diverte com todas as mordomias que lhe favorecem o passar do tempo), isso não é sofrer. Para quem ceifou a vida do seu semelhante, isso nunca poderá ser chamado de sofrimento. Sofrimento é o que passa nosso Espírito quando voltamos para a casa verdadeira, carregados com uma bagagem de crimes de todos os tipos. Porque não é somente tirando uma vida que cometemos crimes horrendos. Também somos criminosos quando roubamos o que não nos pertence, quando somos desonestos nos nossos negócios, lesando um sócio, mesmo sendo um parente, até um irmão do próprio sangue. Às vezes o levamos à loucura, fazendo-o cometer suicídio. Crime esse que não ficará somente para ele resgatar, mas também para quem o levou a cometê-lo. Portanto, acho que tenho muito o que aprender ainda. Não é hora de me acomodar, mesmo porque, minha filha encontra-se neste lugar. Ela carrega uma penosa carga de sua última encarnação, pois também cometeu crimes por conta de sua fraqueza.

Novamente deu alguns passos, para lá e para cá, passou a mão no queixo pensativo, como se estivesse resolvendo se continuaria com sua história. "Afinal – pensava ele – por que estou lhe contando minha história? Aliás, nem sei por que ainda estou aqui, falando de coisas tão sérias da minha vida de encarnado. Não vejo em que o relato dos meus crimes possa lhe interessar. Afinal, ele está aí, sentado em cima desse muro, confortavelmente, bisbilhotando, como quem não quer nada. Vai se intrometendo, até fazer com que comecemos a falar. Não sei explicar a razão, só sei que sinto uma vontade irresistível de lhe contar tudo. Faz-me bem lhe falar dos meus erros. Parece que ele é um confessor de almas."

Por ter o dom da telepatia, captei todo seu pensamento e procurei esclarecer seu questionamento, também por meio do pensamento:

— Estou aqui para ouvi-lo, não para bisbilhotar, como parece. Esta é a minha função. Este é o seu recomeço, portanto, esteja à vontade. Continue com sua história, ela está sendo filmada, palavra por palavra. Um dia, você a verá passar diante dos seus olhos em todas as suas reencarnações. Então, terá a oportunidade de avaliar tudo. Garanto que nesse dia vai ver que tudo tinha de acontecer exatamente como aconteceu. Portanto, continue, esteja à vontade, desabafe.

Como se estivesse falando comigo em voz alta, continuou:

— Sei que fui fraco, mas sinto que estou me fortalecendo. Minha vida tem sido um verdadeiro fracasso. Mas agora, se Deus me conceder a graça de reencarnar novamente, sei que vou conseguir suportar tudo sem esmorecer nunca. Sei também que minhas provas vão ser duras e que se não usar de muita perseverança, cairei nas mesmas armadilhas daqueles que não têm conhecimento da vida espiritual. Muitos acreditam que quando nosso invólucro de carne morre, tudo se acaba. Algumas religiões pregam que dormiremos por séculos até o dia do juízo final. O dia – acreditam – que Deus chamará a todos, vivos e mortos, para o acerto de contas. E que aquele que não aderiu à sua religião será jogado no fogo do inferno, sem dó nem piedade, e que ali queimará por toda a eternidade. Ah, pobres coitados! Se eles soubessem que isso não passa de invenção de alguns homens ambiciosos que usam da religião para obter lucros fabulosos. Passam por cima da boa fé de muitos que procuram a religião com boas intenções e aproveitam-se daqueles que a procuram iludidos pelas promessas de que, se contribuírem com uma boa quantia em dinheiro, doando-o para sua igreja, estarão comprando sua salvação no céu. Se isso fosse verdade, todos se salvariam, pois garanto que todos iriam querer pagar a Deus. Aquele que não conseguisse pagar com seu dinheiro, pagaria com o produto de roubo de bens alheios, pois já que, dando sua oferta em dinheiro e dizendo-se arrependido por seus crimes, ele estaria realmente perdoado. Que Deus seria esse? Que não perdoaria um filho seu, negando-lhe a chance de se recuperar e jogando-o no fogo do inferno por toda a eternidade? Por outro lado, também seria um pai injusto se perdoasse seu filho sem que este sofresse as penas que infringiu a alguém um dia. O querido Pai nos dá a lei do livre-arbítrio, mas também a lei de causa e efeito. Tudo o que fizermos será revertido a nós mesmos, de bom ou de mau, em quantas reencarnações se fizerem necessárias. Deus nunca deixará de lutar pela guarda de um filho seu e jamais cobrou ou cobrará qualquer valor em dinheiro para isso. Ele só quer que O amemos e tenhamos fé absoluta, e o dízimo que nos cobra é que amemos e respeitemos nosso próximo, praticando a caridade, não somente com ajuda material, pois muitos não têm condições, mas também com palavras e ações. Para Ele somos todos seus filhos, iguais, sem distinção nenhuma. Não basta amarmos somente àquele que faz parte da nossa igreja, comunidade ou família, mas sim a todos os seres viventes da Terra. A mãe natureza, que por vontade do pai celestial, nos dá tudo o que necessitamos para nossa sobrevivência do corpo carnal. Aquele que não respeita a natureza, danificando árvores, poluindo rios e mares, matando os animais sem necessidade, poluindo o ar, que é uma das maiores fontes de vida que o ser necessita para viver, pois às vezes conseguimos passar vários dias sem comida e sem água, mas sem ar não conseguimos mais do que alguns segundos. Se parassem para pensar, saberiam que são os maiores criminosos existentes na Terra, pois com seus crimes hediondos destroem tudo o que vem da natureza, que é de extrema necessidade a tudo o que tem vida, incluindo os seres humanos.

Parte 4

Culpa Reconhecida

Em uma de minhas reencarnações, assisti à pregação de um líder de certa religião, dono de considerável fortuna conseguida a custo do dízimo ofertado por fiéis que acreditavam estar pagando por sua salvação, quando na verdade, o que eles faziam era enriquecer os espertalhões que aproveitam de sua boa fé. Ele palestrava com tanta convicção, que conseguia convencer a todos:

— Eu, meus queridos irmãos, estou salvo. Querem saber por quê? Porque além de pagar o meu dízimo (como se ele pagasse algum) sobre tudo o que minhas indústrias faturam, não carrego comigo a culpa de nenhum crime, pois nunca matei ninguém. Por esse motivo, porque tenho a consciência tranquila, durmo em paz, pois sei que Deus está comigo e que irei direto para o céu quando morrer.

Nesse momento, todos os presentes o aplaudem. De repente, um homem, meu conhecido, se levanta:

— Pastor, o que o senhor acaba de dizer me deixa sem nenhuma esperança de salvação para minha alma. Sou um criminoso, pois tirei a vida de um ser humano. Já paguei minha dívida na prisão, portanto, perante a lei dos homens, estou quite. Mas, antes de entrar para esta religião onde estou hoje, estive conversando com uma pessoa que se dizia ser espiritualista e ela disse que foi justo eu ficar preso para quitar minha dívida perante as leis da Terra, porém, a minha dívida com Deus e com aquele a quem tirei a vida ainda existe e só ficará quitada quando eu puder fazer o bem para a pessoa a quem tanto prejudiquei, e que isso só será possível quando reencarnarmos juntos. Então, não terei salvação, pois como é que essa pessoa vai estar comigo se eu a matei? Se ele voltar no dia do juízo final, como o senhor disse que voltaremos para o ajuste de contas com Deus, ele se salvará, mas eu não terei nenhuma oportunidade de lhe fazer o bem, pois como o senhor acaba de dizer, quem mata alguém não irá para o céu. Portanto, eu, como sou um criminoso, não irei.

O pastor, que fora pego de surpresa, pensou por alguns instantes e respondeu:

— Ora, meu irmão! Como é que você, que já está convertido e que é cumpridor do seu dever para com Deus, pagando em dia o seu dízimo (parou de falar, deu dois passos para o lado, pensativo, e retornou ao microfone), a não ser que o que o irmão está dando para Deus seja muito pouco! Se o irmão tem alguma dúvida é porque sente que Deus não está contente com sua oferta. Faça um sacrifício, aumente sua oferta para Ele. O irmão verá que toda sua dúvida se dissipará. Deus é muito bom, pois ele perdoa também os criminosos, desde que se arrependam e se convertam. Portanto, irmão, não dê ouvido a essas almas desgarradas, que só querem perturbar o Espírito. Isso é coisa do demônio. Essa gente não sabe de nada.

Assim, o pobre continuou passando privações junto com sua família, ganhando um mísero salário, trabalhando de sol a sol, em cima de um pesado trator em uma das fazendas do seu pastor. Deu seu sangue e suor durante vários anos, ganhando apenas o suficiente para não passar fome junto com sua família, mesmo após a morte do patrão.

Passados alguns anos, estava ele trabalhando quando sentiu uma tontura repentina. Tudo ficou muito escuro à sua volta. Ele não conseguia destingir nada nem ninguém. Já não sentia os membros do seu corpo. De repente, um homem apareceu em sua frente, vindo do nada, e ele falou consigo mesmo:

— Como é que estou vendo esse homem, se não consigo ver nada na minha frente? Parece que o sol se apagou no mundo inteiro e que só existe esse homem em toda a face da terra! Meu Deus, onde será que estou? O que será que está acontecendo comigo? Será que morri? Ah, não! Que bobagem estou dizendo! Está claro que não morri. O meu pastor me disse que quando eu morresse iria direto para a minha casa no céu, onde dormirei tranquilo até o dia da minha ressurreição, pois eu a paguei com o dízimo que dou à minha igreja! Mas, e isto, o que será? Quem será esse homem? Sua fisionomia não me é estranha! Parece que já tive um grande envolvimento com ele, algum dia, não muito distante! Quero perguntar-lhe se me conhece, mas não consigo dizer uma palavra! Meu Deus, ajude-me! Tenho que saber o que está acontecendo.

Nesse momento, o homem fala com ele, suavemente, estendendo-lhe as mãos:

— Meu querido irmão, venho buscá-lo, em nome de Deus, pois você acaba de voltar para a sua verdadeira vida, a vida espiritual.

Perplexo, ficou sem saber o que dizer:

— Mas, quem é você? Parece que te conheço.

O outro respondeu, sorrindo:

— Sim, você me conheceu, embora tenha sido por alguns instantes apenas. Foi quando você tirou-me a vida num assalto à mão armada, lembra-se? Eu trabalhava na minha pequena padaria. Você e mais dois homens entraram de arma em punho, roubaram o pouco que eu tinha e, como não se contentaram com o pouco, bateram-me muito e, mesmo estando eu prostrado ao chão, já quase sem vida, você completou a tarefa, disparando vários tiros em meu corpo.

Muito assustado, o homem começou a tremer. Com a voz a meio fio, conseguiu dizer:

— Então, agora veio para se vingar e me levar para o inferno, pois deve ser lá o lugar onde você vive, esperando pela minha morte.

Meigamente o homem responde:

— Não, meu irmão, você está enganado. Eu não estou esperando-o para vingar-me. Muito pelo contrário. O que aconteceu entre nós estava escrito que tinha de ser assim. Eu tinha que passar por essa experiência para meu crescimento espiritual. E você foi o escolhido para essa tarefa, para o nosso bem. Portanto, não se sinta tão culpado. Graças a Deus, venci o ódio e o desejo de vingança, provando assim que todos nós devemos e podemos ser tão fortes a ponto de resistir a um desejo que nos faz tanto mal. Neste momento, agradeço a Deus e a você, meu irmão querido, por ter me ajudado nesta difícil tarefa, pois eu estava em falta com Deus, porque em outras vezes que me tiraram a vida, só pensei em vingança. Saiba que sofri muito por conta desse sentimento.

O outro, que ainda não convencido de que o que estava ouvindo fosse verdade, pergunta incrédulo:

— Você pode explicar o que está acontecendo comigo? Ainda não entendi nada! Não consigo enxergar nada além de você. Tenho certeza de que não morri, porque sempre me disseram que quando morremos, vamos para a casa que fizemos por merecer, pagando o dízimo a Deus, e que lá ficamos dormindo até o dia do juízo final, quando Deus, que é sabedoria e bondade, vai escolher aquele que ganhará o reino no céu e o que não merecer vai ser jogado no fogo do inferno, onde padecerá por toda a eternidade.

Compadecido de sua ignorância, o homem responde:

— Ah, meu irmão, como está mal informado! Olha, vou lhe dizer o que aconteceu com você. Na realidade, seu corpo carnal está morto, mas o Espírito vive e viverá para sempre, pois nós somos obras de Deus. Ele nunca deixa morrer o que Ele criou com tanto amor. As pessoas que lhe ensinaram ainda estão na ignorância do que acontece depois que deixamos nosso corpo carnal. Mas, dia virá em que todos passarão a ter conhecimento de tudo. Aí, então, não haverá mais tanto sofrimento quando perdemos um ente querido. Na realidade, não o perdemos. Ele, como todos nós, seremos chamados para a verdadeira existência, onde não haverá mais nenhum tipo de sofrimento para aqueles que souberem carregar seu madeiro, como Jesus carregou o seu. Ele, ao contrário do que muitas religiões pregam, não sofreu tudo o que sofreu, para que sejamos perdoados dos nossos pecados. Se assim fosse, Deus estaria permitindo que cometêssemos quantos pecados quiséssemos. Seria muito fácil, você não acha? As pessoas cometeriam crimes e diriam que se arrependiam e Deus, que é só misericórdia, perdoaria e ficaria tudo por isso mesmo. Mas não é e não poderia ser assim. Jesus sofreu tudo o que sofreu, com paciência e amor, para nos dar o exemplo de que nunca devemos pensar em vingança, pois se Deus nos deu uma cruz para carregar, teve seus motivos, e nós temos que aceitar sua santa vontade e carregá-la até o fim. Tenha a certeza absoluta de que aquele que aceitar sua cruz e carregá-la com resignação, sem culpar a outrem pelo que lhe acontece, pois tudo tem a permissão de Deus, como todos nós sabemos, que não cairá nem uma folha de uma árvore sem a permissão do Pai, que aliás, muitos pregam isso, mas poucos acreditam e aceitam, esse ganhará o reino do céu, com certeza.

Admirado pelo que está ouvindo, o homem, ou melhor, o Espírito, pergunta:

— Mas, e essa história de ter que pagar o dízimo para a igreja, como é que fica? Pelo que entendi Deus não quer nosso dinheiro. Por acaso, o dinheiro é amaldiçoado?

— Não, meu irmão! O dinheiro também é permissão de Deus, porém não tem serventia nenhuma para Ele. Portanto, ninguém deve ser obrigado a dar dinheiro para uma igreja quando é pedido em nome de Deus. Devemos dá-lo sim, mas quando ele é destinado para obras de caridade, não para que seja usado em coisas supérfluas como, por exemplo, construir templos luxuosos, como os que são ostentados por muitas igrejas. Deus é humildade, embora o mundo todo lhe pertença. A sua casa no céu está à sua espera, com certeza, mas não será preciso que você a pague com dinheiro. Deus exige que ela seja paga sim, mas com a caridade que temos de ter para com nosso irmão, tanto encarnado como desencarnado.

— Estou confuso com tudo o que me diz. Que história é essa de encarnado e desencarnado? Eu aprendi que, quando morremos, ficamos dormindo até o dia do juízo final. Dia em que ressuscitaremos em corpo e alma como aconteceu com Jesus.

— Não é assim. Jesus não ressuscitou em corpo e alma. Ele ressuscitou em Espírito. Seu santo corpo foi dizimado por obra de Deus. Foi somente o Espírito que subiu ao céu, diante dos olhos de todos.

Coçando a cabeça ele comenta:

— Deixei-me levar por aqueles que deveriam me ajudar, em vez de tirar do mísero salário que me pagavam para trabalhar de sol a sol, em cima de um trator. Sabe, estou com tanta raiva que gostaria de poder voltar para me vingar e fazer com que me devolvam tudo.

— Você ainda não entendeu o que eu acabei de dizer? A vingança só nos leva ao sofrimento. É um sentimento assassino, que nos destrói lentamente. Só faz mal a nós mesmos. Procure perdoar e esquecer. Os que lhe fizeram esse mal, o fizeram por ignorância. Eles merecem que ore por eles junto a Deus. Um dia, com toda certeza, conhecerão a verdade e se arrependerão. Mas, apesar do mal que você acha que alguém lhe fez, deve ser-lhe muito grato; você tinha acabado de sair da prisão por um crime de morte que cometeu e essa pessoa lhe deu a oportunidade de ganhar seu sustento e o de sua família. Por conseguinte, deve deixar o perdão entrar em seu coração, sem nenhuma mágoa, assim como eu fiz com você.

— Já que me ensinou tanta coisa, e que aceito como certo, pois vejo que tudo o que disse tem lógica, explique-me mais uma curiosidade: na igreja, eles dizem que, quando ficamos doentes, a doença vem de Espíritos ruins, que são mandados pelo demônio. Isso é verdade?

— Não, não é verdade. Às vezes, um Espírito, que não foi esclarecido antes de desencarnar, que nunca se interessou em conhecer a vida espiritual, não acredita que está morto e, sendo assim, passa a assediar pessoas que também não acreditam na vida após a morte do corpo, e, por esse motivo, se tornam receptíveis. Disso, resulta um mal-estar do corpo carnal, e quanto mais fraco ele fica, mais o outro se apodera dele, pois agindo assim, ele volta a sentir o que sentia quando encarnado. Ele começa a sugar até mesmo as vitaminas dos alimentos que o assediado ingere, fazendo com que ele se sinta cada vez mais fraco, até que adoeça seriamente.

— Então, os pastores e os padres estão certos quando os exorcizam, mandando-os para o inferno?

— Não, meu irmão, eles não estão certos. Todos e tudo o que existe no mundo inteiro é obra do nosso Pai que nos criou, e ninguém tem o direito de destruir qualquer obra Sua. Aí é que entra a verdadeira caridade que Deus quer de nós. Ao invés de mandá-lo para o que chamamos de inferno, temos por obrigação para com Deus de conduzi-lo para o caminho certo, orientando-o, fazendo com que ele veja que está no caminho errado. Fazendo-o entender que ele já não pertence mais a esse mundo, que o essencial para ele agora é continuar vivendo sua verdadeira vida, que é a do Espírito. Resgatando-o do mal e trazendo-o para o bem, pode ter certeza que para cada filho de Deus, que trouxer de volta ao Pai, você será grandemente recompensado pelas suas bênçãos. Deus se sentirá muito feliz por ter de volta um filho querido. Entendeu, meu irmão?

O Espírito que pedia tantas explicações prestou muita atenção em tudo o que ouviu, e respondeu sorridente:

— Entendi e aceito tudo o que me ensinou. Agradeço pela proveitosa lição e também pelo seu perdão, por eu ter lhe tirado a vida. Depois de ouvir tudo o que me disse, acho que é muito fácil fazer a vontade de Deus. Estou feliz por ter aprendido e também estou pronto para seguir meu novo caminho, ficando à disposição do Pai para cumprir minha missão.

Abraçam-se e seguem juntos conversando animados.

Após ouvir com paciência toda a história, pergunto, embora já sabendo qual é a resposta, pois minha missão é levar ao conhecimento de todos como é a vida espiritual:

— Como é que você sabe de toda essa história, meu irmão? Acredito que deve ter feito parte dela, pois contou tudo com detalhes. Ele sorriu:

— Sim, fiz parte desta história. Fui um pastor que veio com a missão de levar o conhecimento de Deus para aqueles que não O conhecem, por falta de informação ou porque não querem conhecê-Lo. A minha missão era a de levar para o caminho de Jesus a mais perdida da suas ovelhas. Como vê, eu tinha que ser um pastor de almas, tinha que fazer o impossível para salvá-los, pois Deus, que nos ama a todos, igualmente, não quer que falhemos em nossas tarefas. É assim que conseguiremos os bônus que saldam nossas dívidas, perante Ele, tanto na crosta terrestre como deste lado da vida. Como você sabe, quando desencarnados, trabalhamos duro e nosso trabalho sempre é pago, não com dinheiro, mas sim com a caridade que praticamos, trazendo de volta para a casa do Pai celestial o filho perdido. Fui um pastor e incuti na mente de meus fiéis a obrigação que tinham de pagar o dízimo à igreja, para garantir sua salvação e morada no céu, que Deus lhes daria com certeza, e também lhe daria bens na Terra, de acordo com o valor de seu dízimo. Eu, que deveria salvar aquele a quem, com a minha desmedida ganância por dinheiro, tirei proveito da sua desgraça, achando que estava sendo muito bonzinho empregando-o na minha fazenda, mesmo sendo ele um ex-presidiário, tirei dele o máximo que pude, fazendo-o trabalhar de sol a sol, por um mísero salário, que mal dava para o sustento de sua família, e ainda tirava desse salário dez por cento, dizendo que era para pagar seu lugar no céu. O coitado pagava o dízimo feliz da vida, pois acreditava que, por ter se convertido, como tantos acreditam, e pagando a Deus, estaria salvo quando morresse.

Como já disse, tenho conhecimento de toda a história, do começo ao fim, porém tenho que ouvir tudo, pois isso faz parte do seu reencontro consigo mesmo. Ele tem que falar sobre isso. É para ele como se fosse uma confissão com

Deus. Uma confissão cheia de arrependimento, vindo do seu íntimo mais profundo. Mesmo assim tenho que dizer:

— Como são misteriosos os desígnios de Deus! Pode me contar como se reencontraram? Pelo que entendi, já viveram próximos um do outro.

— Sim! Quando minha vida foi ceifada, pelas suas mãos, em uma de minhas inúmeras reencarnações, ficou destinado, pelo plano maior e com meu consentimento, que eu o reencontraria e o levaria para o caminho certo. Mesmo ele sendo um criminoso, eu teria que salvá-lo, para nosso crescimento espiritual. No entanto, como você já sabe, aproveitei-me da sua situação de ex-presidiário e tirei dele tudo o que pude. Ainda assim, pela bondade de Deus, tive a oportunidade de vir buscá-lo e dar-lhe meu perdão por ele ter-me tirado a vida, e ensiná-lo a perdoar para que eu também tivesse a glória de ser perdoado por ele. Por isso e por todas as minhas fraquezas em muitas das minhas reencarnações, tenho que permanecer aqui para aprender, de uma vez por todas, que Deus me fez muito forte, e que Ele não me quer fraco. Quero cumprir Sua santa vontade e, para tanto, suportarei qualquer prova, para me tornar a pessoa que Deus quer que eu seja.

Parte 5

Esclarecimento ao Leitor

Para esclarecer o leitor, que deve estar pensando: "como que esse Espírito, sendo tão esclarecido, pode ter cometido o crime que cometeu e retornar para esse lugar tão deprimente?". Faço questão de esclarecer que voltarei para este lugar quantas vezes for preciso e suportarei qualquer sofrimento, até aprender que terei de viver do jeito que Deus quer. Quando desencarnados, é fácil viver no bem, após sofrermos tudo o que temos de sofrer. O difícil é viver no bem do outro lado, quando reencarnados, pois esquecemos tudo o que passamos e fizemos, enquanto Espírito. Eu mesmo estou dando provas disso, relatando como fui um homem honesto e trabalhador. No entanto, no primeiro impasse de minha vida, fui fraco até o ponto de cometer tão grave crime. Por isso, aqui estou, resgatando mais uma das minhas dívidas.

Aproveito a deixa para expressar uma opinião:

— Aí fica uma lição para que nunca acreditemos que somos perfeitos e que os outros são errados, concluindo que fomos muito bons e que não temos mais contas a acertar com Deus. Só de pensar assim, já somos pecadores.

Levantou-se, despedindo-se:

— Muito agradecido por toda sua atenção. Fez-me muito bem desabafar. Agora, tenho que ir caminhando. Não sei o que me espera, mas seja o que for, sinto-me restabelecido para continuar a minha jornada. Adeus, irmão! Muito obrigado por tudo.

Permaneci calado, apenas acenando-lhe com a mão, até que ele desapareceu rumo ao seu destino.

Durante o tempo que aqui estou, passaram por este lugar milhares de almas, cada uma com sua história. Eu as escuto, pacientemente, embora já sabendo tudo o que cada uma delas vai me dizer. As histórias são mais ou menos parecidas, porém, algumas são verdadeiros horrores. Mesmo eu, acostumado que estou em ouvi-las, fico arrepiado com o que certos seres humanos, criaturas criadas por Deus, são capazes de fazer. Francamente, se não tivesse o conhecimento que tenho, diria que muitos foram criados por uma força desconhecida, que nada tem a ver com nosso Pai, que nos fez semelhante a Ele, que é tudo de belo, bom e perfeito.

Parte 6

De Parteira a Aborteira

Mais uma vez, absorto em meus pensamentos, vi rolar até o pé do muro uma figura que não dava para distinguir o que era. Sua aparência era das mais horríveis. Parecia uma bola imensa de carne podre. Mais ou menos um palmo distante um do outro, dava para se distinguir algo parecido com uma boca. Eram milhares delas. Comiam as carnes podres com ferocidade espantosa. Quanto mais comiam, mais as carnes cresciam.

Embora estivesse acostumado com esse tipo de coisa, confesso que fiquei horrorizado.

Em dado momento, uma enorme boca abriu-se, desmesuradamente, e começou a falar, ou melhor, a grunhir.

— Olá! Será que posso descansar um pouco à sombra do muro? Estou muito cansada.

Já sabendo que iria ouvir mais uma história daquelas, respondi:

— Fique à vontade. Descanse o tempo que quiser.

Acomodou-se como pôde, dizendo:

— Desculpe perturbar seu sossego, mas estou precisando muito conversar com alguém. Não sei por que vim para este lugar, mas ele me parece conhecido. É como se já estivesse aqui muitas vezes.

Com a certeza de que já esteve aqui, realmente, por muitas vezes, respondi.

— Deve ser só impressão sua.

— É, deve ser isso mesmo. Mas, mesmo assim, estou me sentindo muito bem neste lugar. Gostaria de poder permanecer aqui. Há muito tempo não vejo um lugar assim.

—Assim, como? Não vejo nada de especial neste lugar.

De repente, avisto algo meio parecido com dois olhos. Olha para lá e para cá, dizendo:

— Como não vê nada especial? Se vivesse nos lugares onde tenho vivido, acharia muita coisa especial aqui. Para mim, tudo é especial.

Aquelas coisas parecidas com olhos ficam vermelhas e, por incrível que pareça, começam a verter lágrimas. Cala-se por alguns instantes, mas logo recomeça a falar

— Eu vivo em lugares que nem sei o que é. Rolo por aí, sem eira nem beira, há tanto tempo! Acredito que há anos e anos. Desculpe, devo estar chateando-o com minha conversa. Afinal, não vejo por que minha história lhe interessaria.

Penalizado, respondo, amigavelmente:

— Qual nada! Não está me incomodando, em absoluto. Se quiser, pode me contar sua história toda. Não pense que sou abelhudo, nem intrometido, mas acho que sua história deve ser muito interessante. Se lhe faz algum bem falar, estou pronto para ouvi-la.

— Muito obrigado! Tenho muita vontade de falar com alguém, de contar como foi minha vida, enquanto encarnada. Em uma de minhas reencarnações na terra, vim com a missão de ser parteira, e fui, durante muito tempo, uma excelente parteira. Não tinha hora nem tempo ruim para eu atender a quem me procurasse. De dia ou de noite, com sol ou com chuva. Se alguém tinha que vir ao mundo, lá estava eu, para trazê-lo à luz. Apesar de ser muito pobre, nunca cobrava nada pelo meu serviço. Tinha consciência de que esta era a minha missão. Certo dia, caminhando por uma estrada estreita e lamacenta para atender a um chamado, encharcada pela chuva forte que caía sem parar, comecei a pensar: —"Será que está certo sacrificar-me tanto para atender a tanta gente? Afinal, atendo pessoas que nem conheço! Pessoas que vem de longe me buscar, às vezes, a pé, não trazem nem à garupa de um cavalo. De vez em quando alguém me dá um pouco de mantimento. Já chegaram a me dar até um leitãozinho, mas estava tão raquítico que tive que lhe dar muita comida para que não morresse de fome. Algum me dá uma dúzia de ovos, dos menores que possam escolher e acham que estão me pagando. Ah, meu Deus! O que estou dizendo? Eu e minha família somos pobres, mas graças a Deus, não falta nada pra gente comer, temos nossas camas pra dormir e o que é melhor de tudo, temos muita paz. Temos muita saúde, com as bênçãos de nosso Pai eterno" – Benzi-me e continuei caminhando na chuva, molhada até os ossos, mas com grande paz no coração.

O tempo foi passando, continuei atendendo a todas as pessoas que me procuravam para trazer mais gente para este mundo de Deus.

Uma noite, depois de ter feito um parto muito difícil, cheguei em casa tão cansada que deitei-me, imediatamente, caindo num sono tão profundo que nem ouvi quando bateram na porta. De repente, acordei com alguém me sacudindo com força. Assustada, vi diante de mim um homem grandalhão, que me olhava com tanta autoridade que metia medo. Antes que eu abrisse a boca, ele me puxou pelo braço, bruscamente:

—Venha comigo, preciso de você. Minha patroa está entrando em trabalho de parto. Vamos logo, não temos tempo a perder.

Indignada, puxando meu braço, que ele continuava segurando com muita força, como se para evitar que eu escapasse, gritei:

— Larga meu braço, seu estúpido. Não sabe o que é educação? Não sou sua empregada para chegar me dando ordens. Tá pensando o quê?

Ele apertou meu braço com mais força:

— Já disse que não temos tempo a perder. Vamos logo, minha patroa precisa dos seus serviços de parteira.

Meio amedrontada, tentei me desculpar:

— Desculpe-me! Acontece que estou muito cansada, não dormi a noite toda, pois atendi a um parto muito difícil esta noite.

Ele nem me deixou terminar. Grosseiramente respondeu:

— Olha dona, eu não quero saber de nada, vim aqui para buscar socorro para minha patroa e não vou sair daqui sem você. Não importa o preço que cobre. Seja lá o que for, será bem gratificada.

Ao ouvir isso, veio-me a mente o que seria o início da minha perdição: "Afinal, tenho me sacrificado tanto por tanta gente, que na maioria das vezes não me falam nem muito obrigado. Por que não fazer este sacrifício que vai valer a pena? Afinal, eu mereço ser recompensada pelos meus serviços, ao menos uma vez na vida". Pensando assim, pedi ao homem que esperasse um instante. Vesti-me e o acompanhei. Após viajar umas duas horas na garupa do seu cavalo, que corria velozmente, chegamos a uma fazenda. Ele me fez entrar rápido, pois assim que chegamos ouvimos um grito estridente da mulher que estava por parir. Pedi que me trouxessem água quente e toalhas. Comecei a trabalhar com toda a minha competência adquirida após tantos anos de experiência. Em poucos minutos, trouxe ao mundo um lindo menino. A mulher agradeceu-me:

— Muito obrigada! Eu já não estava suportando mais tantas dores. A senhora foi muito eficiente. Quero recompensá-la muito bem pelo seu serviço.

Chamou o marido e disse:

— Meu querido, dê uma boa quantia em dinheiro para esta senhora e veja do que mais ela precisa.

O homem dirigiu-se a mim com várias notas na mão:

— Aqui está seu pagamento. Acredito que é mais do que a senhora cobraria. Pelo que vi em sua casa, não tem nenhum meio de locomoção, certo?

Antes que eu respondesse, ele disse:

—Vou lhe dar de presente um excelente cavalo de montaria. É um dos melhores que tenho, mas a senhora merece, por ter trazido meu filho ao mundo em perfeito estado.

Peguei o dinheiro, agradeci por tudo, montei no cavalo presenteado e parti rumo a minha casa, pensando satisfeita: "Puxa! Desta vez valeu a pena o sacrifício. Ah, mas eu mereço. Sempre me sacrifiquei pelos outros e nunca tive recompensa nenhuma".

Após alguns dias, estava em minha casa cuidando dos meus afazeres, quando, em frente a minha porta, parou um luxuoso automóvel, de onde desceu uma mulher, muito bem vestida. Atendi, achando que era alguém que vinha para solicitar meus serviços para mais um parto:

— Pois não? O que deseja?

—A senhora é a parteira?

— Sim, em que posso ajudar?

Ela subiu o degrau. Afastei-me e a convidei a entrar:

— Entre, por favor.

Ofereci-lhe uma cadeira. Ela sentou-se, olhando-me séria, e disse:

— Preciso muito de sua ajuda. Sei que é uma excelente parteira. As pessoas falam muito bem da senhora. Sua fama corre por várias cidades da redondeza.

Orgulhosa, respondi:

— De fato, nunca nenhuma criança morreu em minhas mãos, quando as trouxe a este mundo.

A mulher interrompeu-me, dizendo ansiosa:

— Preciso da senhora, mas não para fazer um parto.

— Desculpe, não sei em que outro assunto pode precisar de mim.

Ela segurou minha mão. Notei que tremia muito e disse-me num só fôlego:

— Tenho que fazer um aborto. É, é isso mesmo. Tenho que fazer um aborto o mais rápido possível.

Notando o meu espanto, ela segurou minha mão com força e, com súplica no olhar, implorou:

— Por favor, não diga que não fará. Estou desesperada. Sou casada e meu marido é de família muito importante.

— Se é casada e vive com seu marido, e pelo que vejo, está em boa situação financeira, não vejo nenhum motivo que a leve a fazer um aborto...

— Deixe-me explicar – interrompeu-me. — Eu a procurei porque a senhora é de uma cidade bem distante da minha. Por isso, posso lhe contar o que se passa.

Sentou-se novamente, dei-lhe um copo com água. Ela tomou de uma só vez e continuou:

— Sou casada com um homem bem mais velho. Foi um casamento de conveniência. Eu estava em situação financeira muito ruim. Acontece que eu estava apaixonada por outro, que também me amava, mas era tão ou mais pobre do que eu. Reencontramos-nos após alguns anos depois do meu casamento. Descobrimos que o nosso amor não morreu. Começamos a sair e engravidei dele. Meu marido é estéril. Se ele descobrir que estou grávida, vai saber que é de outro. Com certeza vai querer a separação. Entende por que não posso ter esse filho?

Levantei-me da cadeira, dirigindo-me para a porta, indignada:

— Desculpe, dona, mas eu não faço esse tipo de coisa. Nunca fiz e jamais faria. Pelo que vejo a senhora pode pagar um médico para fazer o serviço.

— A senhora não entendeu! Não posso procurar mais ninguém, além da senhora! Não posso confiar em ninguém. Meu marido é muito conhecido em todas as cidades próximas. Com certeza, isso não ficaria em segredo por muito tempo. Eu pago o que a senhora cobrar. Diga o seu preço. Pago adiantado. Por favor, diga que vai me ajudar.

Mais uma vez, o dinheiro mexeu com meu ego. Pensei por algum instante e respondi:

— Volte amanhã. Preciso de um tempo para pensar, mas, já vou avisando, se eu resolver fazer o serviço, não vai sair barato. Venha prevenida e traga uma boa quantia em dinheiro e que ninguém fique sabendo do ocorrido, estamos entendidas?

Ela beijou-me a mão, em prantos:

— Muito obrigada! Não vai se arrepender. Garanto que vai ser muito bem recompensada.

No dia seguinte, logo cedo, alguém bateu em minha porta. Era um jovem de uns vinte e poucos anos. Falou aflito:

— Dona, a senhora é a parteira? Vim procurá-la porque me disseram que é muito boa e prestativa. Minha mulher está para ter um bebê e eu vim ver se a senhora pode atender a ela. É o nosso primeiro filho. Eu não conheço ninguém para fazer o parto e não tenho dinheiro para interná-la em um hospital.

Estava para dizer que esperasse um momento, que ia me preparar, quando chegou a mulher do dia anterior. Olhou-me, sorrindo, fazendo sinal de positivo. Num relance pensei na nossa conversa e no dinheiro que iria receber em troca do serviço. Sem que o rapaz percebesse, fiz sinal que esperasse, e em seguida voltei-me para ele:

— Desculpe, filho, mas não posso atender você agora. Se quiser voltar mais tarde, vou ver se posso atender sua mulher.

O coitado ainda quis dizer alguma coisa, mas eu já tinha me dirigido para o carro. Ele se retirou de cabeça baixa, quase chorando, e se foi. Dei um passo em sua direção, penalizada, mas, antes que pudesse dizer algo, a mulher me cumprimentou, abriu a bolsa e tirou um grande maço de notas:

— Toma, aqui tem muito mais do que me cobraria, tenho certeza. O serviço tem que ser feito agora. Não posso esperar mais nem um dia.

Eu nunca tinha visto tanto dinheiro em minha vida. Esqueci de tudo: da minha missão, do meu bom coração, dos pobres que contavam tanto comigo para trazer seus filhos ao mundo. Nunca lhes cobrei um centavo, mas, o que me davam em mantimentos e animais, me eram de muita valia, pois com isto sustentava meus filhos. Levei a mulher para dentro e em pouco tempo fiz o aborto, com as mãos que um dia jurei a Deus que só fariam trazer os pequeninos ao mundo. Confesso que por um instante senti remorso. A mulher se levantou e se arrumou toda sorridente. Tornando a abrir a bolsa, tirou de dentro mais dinheiro, dizendo:

— Seu serviço foi tão perfeito que quero lhe agradecer muito. Não senti nenhuma dor. Confesso que estava com muito medo, mas a senhora tem muita prática. Se quisesse, poderia ganhar muito dinheiro com isso. Eu conheço muitas mulheres que lhe pagariam bem pelo serviço. Não teria mais necessidade de se sacrificar atendendo gente tão pobre e de graça.

Nesse momento, senti como se me tivessem batido no peito com muita força. Como se estivesse acordando de um pesadelo, respondi, com um fio de voz:

— Não! Nunca mais quero fazer isso de novo. Agora vá, por favor, tenho que atender aquele rapaz, que já deve estar de volta.

Ela partiu em seu luxuoso automóvel. Esparramei todo aquele dinheiro em cima da mesa. Olhei-o, peguei nota por nota, esfregando-as com os dedos. Estava meio boba, não sabia o que fazer. De repente, alguém bateu na porta. Era o rapaz aflito:

— Fiquei esperando pela senhora; não adiantava ir para casa, pois moro muito longe daqui. Também não conheço mais ninguém, além da senhora, que possa socorrer minha mulher. Coitada, a esta hora deve estar sofrendo muito.

Senti pena do rapaz. Sem perda de tempo, montei em meu cavalo e fiz sinal que subisse na garupa. Ao chegar perto de sua casa, que era em uma pequena chácara, onde ele disse que trabalhava como caseiro, deparamos com uma pequena aglomeração diante da porta. Uma mulher veio ao nosso encontro em prantos:

— Onde é que você estava? Sua mulher não aguentou o sofrimento e morreu antes que a criança nascesse. A coitada chamava por você o tempo todo.

Ele correu para dentro da casa. Permaneci em cima do cavalo, ouvindo seus gritos de desespero. Após alguns minutos, ele veio até onde eu estava, olhou-me com olhos faiscando, cheios de ódio. Atirou-se contra mim, enfurecido:

— Sua assassina! Foi por sua culpa que ela morreu. Se tivesse vindo logo que a chamei, teria dado tempo de socorrer minha mulher. Mas não, você tinha que atender primeiro à ricaça, não é? O dinheiro que ela lhe pagou falou mais alto. Aposto que deixou de salvar minha mulher e meu filho, para tirar a vida de uma criança que a mãe não queria. Você é uma assassina maldita. Eu vou acabar com você, sua desgraçada.

Começou a puxar as minhas pernas tentando me derrubar de cima do cavalo. As pessoas correram em meu socorro, conseguindo tirá-lo dali. Percebendo a gravidade da situação, esporeei o cavalo, fugindo o mais rápido possível. Enquanto fugia, ouvia seus gritos cheios de ódio:

— Fuja, desgraçada! Pode fugir o quanto quiser, mas um dia eu a pego. Sei onde mora. Vou lá e acabo com você e com toda sua família.

Apavorada, corri para minha casa. Chamei meus dois filhos que tinham acabado de chegar da escola. Disse-lhes que precisávamos fazer uma viagem urgente. Arrumamos algumas coisas, coloquei-os na garupa do cavalo e partimos.

Parte 7

Ganância e Perdição

Ao chegar à cidade, vendi o cavalo, tomei um ônibus para uma cidade a uns duzentos quilômetros dali, onde me alojei com meus filhos em um hotel.

Passados alguns dias, aluguei uma casa, coloquei meus filhos na escola e comecei a fazer amizades com mulheres que estavam grávidas. Contava a elas as histórias dos partos que já havia feito e dizia que nunca tinha perdido uma só criança. Que mãe e filhos sempre foram muito bem atendidos por mim.

Em poucos dias começaram a chegar os chamados. Eu fazia meu serviço, muito bem, mas não de graça, como sempre fiz. Cobrava meus honorários, conforme a situação financeira de cada parturiente.

Alguns meses se passaram. Certo dia, uma delas me procurou dizendo que estava grávida de novo, mas que nem ela nem o marido queriam outra criança tão cedo, pois seu filho ainda era muito novinho para terem outro. Pediu que eu interrompesse a gravidez, que ainda estava no começo.

Pensei por alguns instantes: "Não será pecado, pois como ela disse seu filho ainda está muito pequeno para perder o colo de mãe". Concordei que faria, mas meu preço não seria baixo.

Disse-lhe a quantia, ela tentou regatear, mas não me deixei levar. Ao ver que não tinha jeito, acabou concordando. No dia seguinte, chegou na hora marcada. Fiz o serviço muito bem, como da vez anterior. Ela agradeceu:

— Olha, vale a pena pagar seu preço, pois não senti nenhuma dor. Vou indicá-la para minhas amigas.

Assim, começou minha profissão de aborteira, e passei a praticar mais abortos do que partos.

Em pouco tempo, minha fama correu por todas as cidades vizinhas. As clientes aumentavam. Comecei a ganhar muito dinheiro e, quanto mais ganhava, mais trabalhava. Rapidamente, comprei uma bonita casa e um moderno automóvel. Meus filhos passaram a estudar em colégio particular. Daquela parteira bondosa e caridosa, que atendia as mulheres pobres, aceitando como pagamento uma dúzia de ovos ou um porquinho, que às vezes me davam como pagamento, até para se livrarem, porque estava doente, quase morto, e não tinham condições de tratarem dele, não restava mais nada. O dinheiro me transformou numa mulher muito diferente do que era quando vivia na pobreza. Tornei-me orgulhosa, egoísta, grã-fina. Nunca dei uma esmola, nunca mais fiz uma caridade, igual às que fazia quando era pobre. Nunca me faltara nada para dividir com quem precisasse. Meus filhos passaram a viver rodeados de amigos interesseiros, que os procuravam porque eles sempre pagavam as contas das noitadas que passavam juntos nas farras.

Os anos foram passando muito rápido. Certo dia, ao me dirigir a uma luxuosa loja de roupas, pois havia sido convidada para uma festa de família muito rica e queria me apresentar muito bem vestida, um mendigo dirigiu-se a mim:

— Senhora, desculpe incomodar, pode me dar um trocado? Eu não como nada desde ontem de manhã e estou morrendo de fome.

Virei-me para trás, respondendo, estupidamente:

— Ora, seu vagabundo, vá trabalhar! Era só o que me faltava! Dar dinheiro a um vagabundo como esse. Saia daqui, senão chamo um guarda para prendê-lo.

Antes que eu terminasse de falar, ele puxou uma faca e veio para cima de mim, gritando, como louco:

— Ah, desgraçada! Até que enfim eu a encontrei! Passei anos da minha vida procurando-a. Comi o pão que o diabo amassou. Dormi noites e noites no relento! Passei fome e frio, mas valeu a pena! Aqui está você, assassinaaaa!

Estarrecida, tentei gritar, pedir socorro às pessoas que assistiam a tudo e nada faziam. Ele urrava como uma fera ferida, babando em cima do meu rosto:

— Não me reconhece, desgraçada? Não tem importância. Eu a reconheci, mesmo tendo se transformado em uma dondoca. Sua voz, sua cara de criminosa continua a mesma. Maldita! Eu tinha certeza que você tinha se mudado para uma cidade como esta, bem distante de onde cometeu os dois crimes. Será que esqueceu que, por causa de dinheiro, você deixou minha mulher e meu filho morrerem sem socorro? Pois eu não esqueci nem por um instante! Depois que sepultei os dois, não fiz outra coisa senão a procurar! Agora você está aqui, diante de mim, e eu vou fazer justiça com minhas próprias mãos. Ah! Como esperei por este momento! Quero estrangular você, maldita, como meu filho foi estrangulado. Sim, desgraçada! Meu filho foi estrangulado. Sabe por quê? Não teve quem o ajudasse a nascer, por sua culpa, que se recusou a ir comigo quando lhe implorei! Se você tivesse chegado alguns minutos antes, teria ajudado ele e minha mulher. Coitada! Era quase uma criança, tinha apenas 16 anos e você deixou que ela morresse para atender aquela mulher, que, com certeza, foi procurá-la para que assassinasse uma criança que estava no ventre dela. E você se deixou levar pela ganância do dinheiro. E pelo que vejo, continuou matando pobres inocentes, não é? Fez da sua missão, que era de trazer vidas ao mundo, uma profissão criminosa. Mas, agora, seu fim chegou. Nunca mais vai impedir as crianças de virem ao mundo.

Ele cravou seus dedos em minha garganta apertando cada vez mais forte. Eu esperneava, tentava gritar pedindo socorro às pessoas que estavam bem próximas de nós, que gargalhavam e gritavam:

— Aperta, aperta! Mata ela! Mata esse monstro, ela não merece viver. Assassina, assassina, assassina...

Vi tudo escurecer à minha volta. Ele se levantou, deu alguns passos, cambaleando para lá e para cá, ergueu os braços para o alto:

— Deus me perdoe, mas eu não podia deixar de fazer isso. Agora, o Senhor faça de mim o que achar que deve fazer.

Levantei-me. Sentia dores por todo o corpo, quase não enxergava nada. Dirigi-me às pessoas que riam enquanto ele apertava minha garganta, e com ares de ofendida gritei:

— Seus desgraçados! Por que não me socorreram? Deixaram que esse monstro me agredisse daquela forma, quase me matando, e não fizeram nada! Bando de covardes...

Eles não me ouviam. Vieram todos em minha direção, gritando como loucos:

— Vamos comer! Comer! Queremos nossa vida! Queremos a nossa vida que você tirou, desgraçada! Enquanto diziam isso, foram entrando no meu corpo, mordendo, arrancando pedaços das minhas carnes. Eu gritava desesperada de tanta dor.

E assim tem sido desde o momento em que tomei conhecimento do meu desencarne. Fui transformada neste monstro. Causo horror por onde passo. Até a mim mesma, pois é como se tivesse um espelho em minha frente, o tempo todo, para que nunca esqueça meu castigo por não cumprir a missão que me foi confiada, que era a de levar vidas para o mundo, e não tirá-las, como fiz, centenas de vezes, impedindo almas de reencarnarem.

Embora estando acostumado com essas histórias tenebrosas, e já sabendo de antemão tudo o que vou ouvir, confesso que às vezes fico chocado quando escuto uma narração feita por quem a viveu. Como não poderia deixar de ser, faço a mesma pergunta:

— Por que não se arrepende sinceramente e pede perdão a Deus? Se for sincera, com certeza Ele lhe dará uma nova chance.

Ela olhou-me com algo que parecia serem olhos e respondeu:

— Ainda não saldei minha dívida com Ele e com os seres a quem causei tanto mal. Quando chegar a hora, Ele saberá o que fazer comigo. Enquanto essa hora não chega, tenho que carregar a minha cruz, que não é tão pesada quanto mereço.

Dizendo isso, afastou-se, seguindo sua tortuosa estrada.

Parte 8

O Retorno

O tempo passou. Anos, meses, não sei. Aqui onde estou não temos calendário.

Muitos seres aqui vieram. Quase sempre com a mesma história e aparência. Uns com menos deformidades, outros com mais.

Certo dia, apareceu um ser com aparência bem envelhecida, mas não tanto que eu não o pudesse reconhecer.

— Olá! Como vai? Quanto tempo, hein? – cumprimentei-o surpreso.

Ele respondeu-me com alegria:

— Estou bem melhor. Como me reconheceu? Já faz tanto tempo que passei por estes lados. Pensei que estivesse pelo menos um pouco diferente. Achei que não me reconheceria, pois da outra vez que nos encontramos, estava muito mal.

Disfarcei um pouco, antes de responder, para não desencorajá-lo:

— Não está tão diferente. Acho-o bem melhor agora, mas da outra vez não estava tão mal como diz.

— Você está sendo amável, sei muito bem como eu estava.

— Mas o que veio fazer aqui? Não me diga que estava com saudade minha!

Olhou-me, demonstrando certa ternura:

— Na verdade, senti saudade sim. Nunca esqueci que, quando eu estava num estado deprimente, o amigo foi o único que não me virou as costas e conversou comigo, ouvindo toda a minha lamúria e desabafo. Agora, voltei para matar a saudade e para lhe contar, isto é, se ainda tiver paciência para me ouvir, o que me aconteceu durante todo o tempo que estive longe daqui.

Ajeitei-me no meu canto, sabendo que estava prestes a escutar uma longa e proveitosa história:

— Estou pronto para ouvi-lo. E não tenha pressa, pois tenho certeza que sua história, desta vez, será bem mais interessante do que a anterior:

Ele passou lentamente a mão pela cabeça e falou:

— Sabe, amigo, sofri muito depois daquele dia em que nos conhecemos, quando lhe contei minha triste história, mas tive muitas chances de recomeçar minha vida de reencarnado. Confesso que foi muito difícil nas primeiras reencarnações. Passei por caminhos tortuosos. Sofri doenças das mais graves que se possa imaginar. Senti dores em meu corpo, como nunca imaginei que pudesse suportar, até que desencarnei, dando graças a Deus por isso. Ao voltar ao grande lar, após tanto sofrimento na Terra, pedi ao plano maior que não me mandasse de volta para a vida de encarnado, pois achava já terem sido pagas todas as minhas culpas com meu sofrimento, tanto do Espírito, antes de reencarnar, como do meu corpo carnal. Entretanto, tive que voltar por várias vezes, pois eram muitas as minhas faltas. Senti-me injustiçado, pois achava, na minha ignorância, que já tinha resgatado tudo o que devia, aumentando, com esse sentimento, a minha culpa. A contra gosto, voltei. Nasci em uma família muito bem posicionada; não era das mais ricas, mas com um bom padrão, o suficiente para criarem seus filhos sem que passassem privações. Fui uma criança amarga, estava sempre quieta (desta vez nasci mulher), recolhida no meu íntimo. Conforme fui crescendo, percebi que não era como as outras meninas da minha idade. Reparava em cada uma que passasse por mim, observava todo o seu corpo que, conforme cresciam, iam se transformando. Seus seios cresciam, coxas e pernas engrossavam, e ficavam cada vez mais insinuantes. Tudo nelas era diferente. Eu crescia cada vez mais gorda e desengonçada.

Onde eu estudava (obrigada por meus pais, pois eu detestava ir para a escola), tinha um colega, um rapaz bonito, elegante e estudioso. Era o tipo por quem qualquer moça se apaixonaria à primeira vista. Além de bonito, era educado e amoroso com todos. Era o único que me dava atenção, pois eu não tinha e nem fazia questão de ter amigos. Mas, com ele era diferente; queria estar sempre perto, morria de ciúme quando uma garota se aproximava dele. Eu queria sua presença, dia e noite, porém, fazia de tudo para que ele não percebesse meu interesse. Estava perdidamente apaixonada. Ele, sentindo pena da minha aparência e solidão, tratava-me com carinho e dedicação, não percebendo que, com isso, meu amor aumentava. Fui criando ilusões em minha cabeça. Sonhava com seus beijos e abraços. Via-me como sua mulher amada, mãe dos seus filhos.

Por conta desse meu amor, tornei-me sua grande amiga. A nossa amizade foi ficando muito forte. Íamos juntos ao cinema, ao teatro, enfim, estávamos sempre juntos. Conversávamos e ríamos muito, pois com ele ao meu lado, eu me transformava em uma pessoa feliz. Éramos confidentes, não havia segredos entre nós. Certo dia, convidou-me para sair dizendo que tinha algo muito importante para me dizer. Na minha cabeça sonhadora, comecei a criar ilusões — "Meu Deus! Até que enfim chegou o momento que tanto esperei! Finalmente ele vai me pedir em namoro ou quem sabe até em casamento! Ah, meu Deus! Não aguento mais tanta felicidade! Acho que vou morrer"!

Arrumei-me o melhor que pude, tentando melhorar minha aparência.

Quando chegou, cumprimentei-o, eufórica, abraçando-o fortemente. Ele retribuiu meu abraço, aumentando minha alegria:

— Vamos a um lugar sossegado, tomar um refrigerante? Tenho que lhe contar algo que está acontecendo comigo há algum tempo. Eu não disse nada até agora porque não tinha certeza se o meu sentimento seria retribuído, mas agora acho que posso dizer que sim, e quero que você seja a primeira a saber.

Extremamente feliz, eu não pensava em mais nada, só queria ouvi-lo dizer: "Angélica, eu te amo, quero que seja minha namorada e, em breve, minha esposa; não quero esperar muito tempo".

Emílio continuava falando, mas eu mal escutava o que ele dizia, tão absorta que estava em meus pensamentos, quando, estarrecida, ouvi-o dizer:

— E assim, amiga, descobri que estou perdidamente apaixonado pela Marina.

Ao ouvir esse nome, estremeci da cabeça aos pés. Quase sem voz perguntei:

— Marina? Aquela garota magrela e sem graça? Nossa! Que mal gosto o seu!

Esqueci da minha aparência e falei como se eu fosse uma beldade, linda, sem nenhum defeito.

Ele respondeu meio sem jeito:

— Ora, Angélica! Você sabe que não ligo para isso! O que me interessa é que ela é uma garota boa, inteligente e honesta. O resto não tem a mínima importância. E saiba que, se ela me aceitar, pretendo namorar sério, para casar mesmo. Já falei com ela sobre nossa amizade, disse que gosto muito de você, como se fosse minha irmã. Ela disse que também gostaria muito de tê-la como amiga. Você aceita, não é?

Remoendo verdadeiro ódio por aquela intrusa que me tirou a única coisa que me fez amar a vida, respondi, escondendo o que sentia em minha alma:

— Claro, se você gosta tanto dela, eu também tenho que gostar.

Deu-me um beijo na face que me queimou como se fosse brasa ardente. Dali em diante, sempre que saíamos a passear, era o meu tormento.

Certo dia, Emílio não me convidou para sair com eles, mas eu os segui e os vi se beijando. Senti tanto ódio, que tive vontade de pular sobre ela e torcer seu pescoço, mas, me contive: "Você vai se arrepender, sua desgraçada. Vou acabar com você, custe o que custar, Ele é meu! Prefiro vê-lo morto e morrer com ele, se preciso for, a vê-lo com outra".

Comecei a arquitetar planos, a elaborar coisas horríveis, para acabar com aquele namoro. Na nossa turma da escola, havia um rapaz chamado Antônio, cujo apelido era Nico. Ele era apaixonado por Marina, mas ela gostava dele somente como amigo; era o que ela dizia a quem tocasse no assunto. Eu não perdi a chance de arquitetar meu plano de destruição, envolvendo os dois, aproveitando-me de sua amizade. Comecei a me aproximar de Nico, com intenção de fazer amizade, para o espanto do resto da turma, pois nunca procurei fazer amizade com ninguém, além de Emílio, apesar de alguns tentarem (por piedade, achava eu). Fingi ser grande amiga de Marina, para satisfação de Emílio, que continuava me vendo como amiga. Amava-me como a uma verdadeira irmã – dizia ele, para o meu tormento. – Marina fazia tudo para demonstrar que também gostava de mim.

Nico, para ficar perto de Marina, colocava-se à minha disposição para sairmos, pois eu estava sempre alerta, nunca descuidando dela ou de Emílio. Assim, com minha falsa amizade, ficava sabendo sempre quando e onde iriam namorar. Sendo assim, eu dava sempre um jeito de passar por ali com Nico, que logo percebi, começou a olhar para Emílio com um ódio que crescia a cada vez que os via aos beijos e abraços.

Eu exultava de mórbida alegria, pois dentro da minha cabeça, o meu plano de separar os dois crescia sem parar.

Certo dia, convidei Nico para um passeio. Marquei encontro em um lugar afastado da cidade, à beira de um lago, onde eu sabia que Emílio e Marina iriam namorar. Em seguida, procurei por Marina e, após cumprimentá-la, beijando-a com falsidade, disse-lhe:

— Marina, eu vim trazer um recado do Emílio, ele mandou dizer que não pode vir buscá-la, mas gostaria que fosse encontrá-lo no lago, hoje à tarde, lá pelas quinze para as sete, mais ou menos. Disse que tem um trabalho urgente para terminar, mas que a essa hora estará lá, com certeza.

Ela, sem desconfiar de nada, respondeu:

— Está bem! Obrigada por me trazer o recado.

Abracei-a, mal disfarçando meu contentamento.

—Tchau, bom namoro. Eu e Nico vamos ao cinema

Ela deu uma piscadela marota e foi embora.

Com meu plano muito bem traçado, procurei Emílio. Ao encontrá-lo, beijei-o no rosto bem próximo aos lábios, sentindo um sabor indescritível de grande triunfo. Um sabor mórbido de vitória. A certeza absoluta de que ele era meu, que jamais alguém o tiraria dos meus braços. Acariciando seu rosto, disse-lhe:

— Querido, vim lhe dar um recado da Marina. Ela mandou dizer que o espera no lago as dez para as sete, mais ou menos. Pediu para você ir sem falta.

Ele beijou-me no rosto:

— Claro que vou! Imagine se vou faltar a um encontro num lugar daquele com a minha amada! Obrigado por trazer-me o recado. É por isso que a adoro! Você é minha irmãzinha querida mesmo.

Enquanto ele se afastava, eu pensava satisfeita: "Vai, meu amor, de hoje em diante você vai ver se sou sua irmãzinha".

Tudo estava quase pronto. Procurei Nico, cumprimentei-o com um beijo no rosto, como de costume:

— Olá, Nico. Tenho um recado para você da Marina.

— Recado da Marina? Que recado é esse? – perguntou espantado.

— Ela mandou dizer que precisa falar com você hoje sem falta, mas disse para não comentar com ninguém.

Mais curioso ainda, perguntou:

— Você sabe do que se trata?

Respondi enigmática, acariciando seu rosto:

— Até sei, mas não posso lhe dizer. Você sabe quanto sou amiga do Emílio, não é? Pensando bem, nem era para eu lhe dar esse recado. Estou me sentindo uma traidora do meu amigo. Acontece que também sou sua amiga, e sei o quanto você gosta da Marina, e agora fiquei sabendo, por ela mesma, que também está apaixonada por você!

Vermelho igual um pimentão maduro, quase sem voz, Nico segurou-me pelos ombros:

— O que está dizendo? Marina está apaixonada por mim? Como? E o Emílio? Pelo que eu sei, é dele que ela gosta!

Dei de ombros e fui me afastando:

— O recado está dado. Agora é com você. Quer saber de uma coisa? No seu lugar, eu não me importaria com mais nada. Corria para lá, agarraria ela e a beijaria um milhão de vezes. Nem lhe daria tempo de dizer nada. Vai, seu bobo, vai! Você está atrasado! Já são quinze para as sete, não perca tempo! Corra, vamos! Faça como eu lhe disse! Chegando lá, abrace-a e beije-a, mostre-lhe como você a ama! Vai logo!

Meio tonto, Nico saiu correndo. Fui atrás dele sem que me visse. Cortando caminho, cheguei antes, escondi-me a pouca distância e pus-me a esperar pelos acontecimentos. Marina estava sentada, distraída, e não percebeu quando ele chegou. Nico abraçou-a por trás, louco de paixão. Marina, que com certeza pensou ser o Emílio, voltou-se para ele com os olhos fechados à espera do seu beijo. Nico colou seus lábios nos dela, e ambos rolaram pelo gramado, abraçados, beijando-se com paixão. Nisso, ouvi um ruído, Emílio apareceu. De repente, parou, olhando aquela cena como se não estivesse acreditando no que seus olhos viam. Marina abriu os olhos e, ao se deparar com Emílio, procurou soltar-se dos braços de Nico, que nem de longe desconfiava que tudo havia sido planejado por mim. Acreditava que Marina retribuíra seus abraços e beijos, porque estava de acordo com ele. Coitado do Nico! Acreditou piamente na minha mentira! Marina pôs-se de pé diante de Emílio sem saber o que dizer ou fazer. Emílio olhou para ela e para Nico com os olhos cheios de ódio.

De onde eu estava, assistia a tudo, torcendo para que Emílio desse uma surra nos dois, e fosse embora dizendo para Marina: "Não quero vê-la nunca mais. Deste momento em diante, vou te odiar para sempre".

Mas ele não disse uma palavra. Passou as mãos pelo rosto e pelos cabelos e foi embora, de cabeça baixa. Eu deveria sentir-me feliz com o desfecho do meu plano, mas confesso que ao ver a tristeza estampada no semblante de Emílio, senti vontade de sair do meu esconderijo gritando: “Foi tudo armação minha para separá-los, pelo amor que sinto por você”, mas logo desisti da ideia: “Não! Já que tudo deu tão certo, vou ficar na minha. Com certeza, Emílio vai me procurar para contar o ocorrido. Nesse momento, então, vou consolá-lo com muito carinho. Vou fazer com que ele esqueça que Marina existiu em sua vida. Ele vai me agradecer tanto, que vai acabar ficando comigo, nem que seja por gratidão”.

Voltei para casa o mais rápido que pude e fiquei ansiosa aguardando a chegada de Emílio. Só então me dei conta dos fatos. Lembrei-me de que fui a intermediária do encontro dos três. Fiquei apavorada: “Meu Deus! E agora? O que faço? Com certeza, tanto Emílio quanto o Nico virão fazer perguntas sobre o que aconteceu”.

Tremia feito vara verde. Por sorte, nenhum deles veio me procurar naquela noite, o que me deu tempo para esfriar a cabeça e arquitetar um novo plano. Assim, quando no dia seguinte, logo cedo, Emílio apareceu, cumprimentou-me secamente e perguntou:

— Angélica, por favor, me conte a verdade sobre o que aconteceu ontem. Você deve saber de alguma coisa, pois foi você que me disse para ir me encontrar com Marina no lago. Agora, exijo que me conte, por que fez isso?

Eu, que já havia bolado novo plano, estava pronta para essa pergunta:

— Emílio, nem sei como lhe contar. Tenho certeza que vai sofrer muito, pois sei o quanto gosta de Marina, mas eu o quero muito, e não aguentava mais ver os dois fazerem você de bobo. Já há algum tempo que eles estão o traindo, descaradamente. Como você sabe, eu e o Nico somos grandes amigos, e, sendo assim, ele não tem segredos para mim. Eu sempre soube que ele é apaixonado por Marina, e quando ele me contou que eles se encontrariam no lago, procurei saber o dia e hora, então, tomei coragem e armei para que você os flagrasse juntos.

— Por que não me contou o que estava acontecendo? Evitaria que eu passasse por aquela humilhação. Você não faz a mínima ideia do que sofri naquele momento. Foi como se a terra sumisse debaixo dos meus pés. Tive vontade de pular sobre eles e matá-los, mas, alguma coisa me deteve, fazendo com que eu fosse embora, sem tomar nenhuma atitude. Quando dei por mim, já estava em minha cama, com os olhos inchados de tanto chorar. Pensei em vir procurar você, ontem mesmo, para pedir explicações, mas não tive ânimo para sair de casa.

Consolando-o, com meus carinhos, segurei sua mão e, sem que ele percebesse, fomos caminhando para o lago. Lá chegando, sentei-me no gramado, fazendo com que ele também se sentasse. Aproveitando-me do seu estado de depressão, abracei-o e o beijei com paixão. Meio abobado, entregou-se aos meus carinhos, realizando finalmente meu mais ardente sonho, fazendo-me sua.

De repente, assustado, disse horrorizado:

— Angélica! O que foi que fiz? Perdão! Por favor, me perdoe! Não sei o que deu em mim! Eu não tinha a intenção de lhe fazer mal! Não sei o que...

Tapei sua boca com a mão:

— Não precisa pedir perdão! O que aconteceu agora foi o que sempre sonhei. Você nunca percebeu, mas eu sempre o amei, sem nenhuma esperança, é verdade, pois como você sempre fez questão de dizer, sempre me amou como a uma irmã. Embora sofrendo muito, sempre fiz o possível para respeitar seus sentimentos. Mas, neste momento, vendo-o tão sofrido e carente, não consegui controlar o imenso amor que sinto por você. Portanto, não se sinta culpado de nada.

Envergonhado, ele abraçou-me, carinhosamente:

— Angélica, por que não me falou do seu amor antes? Se eu soubesse, não teria exposto você a tanto sofrimento, convidando-a para sair quando estava com Marina! Minha pobre querida Angélica! Quanto deve ter sofrido! Será que pode me perdoar?

Abraçada a ele – confesso que fiquei penalizada por estar enganando-o – tive vontade de contar toda a minha maldade, mas o meu amor falou mais alto, e só pensei na grande felicidade que eu estava sentindo nesse momento. Apertando-o junto ao peito, pensei: "Nada de remorsos. Fiz o que qualquer pessoa faria se estivesse no meu lugar. De hoje em diante farei com que esqueça aquela tonta da Marina". Ao lembrar-me dela, senti um forte arrepio: "Meu Deus! E quando ela for procurar Emílio para se explicar? Será que ele vai acreditar nela? Não posso me arriscar! Antes que isso aconteça, vou procurá-la. Se cheguei até aqui, não vou retroceder agora. Emílio agora é meu. Ninguém vai tirá-lo de mim".

Ao encontrá-la, fui direta ao assunto:

— Sei que está esperando por este momento, para pedir esclarecimento sobre o que aconteceu no lago. Também sei que já sabe que foi tudo armado por mim. Então, não perca seu tempo em perguntar nada e muito menos em me acusar, porque a verdade é essa mesma, foi tudo armado por mim. Saiba que, quando você começou a namorar o Emílio, ele já fazia parte da minha vida e dos meus sonhos. Eu o amei desde o primeiro instante em que o vi. Sempre jurei que não permitiria que ninguém o separasse de mim. Quando ele me falou de você, dizendo que estavam namorando, sofri tanto que você não faz ideia. No primeiro impulso, pensei em me suicidar, mas em seguida, pensei que, tomando essa atitude, o deixaria para você, e dentro de bem pouco tempo, ele nem se lembraria de que existi um dia. Então, comecei a planejar como iria me livrar de você e ficar com ele para sempre. Para facilitar meus planos, apareceu Nico, que estava apaixonado por você, tanto quanto eu estava, ou melhor, estou por Emílio. Então, usei-o da melhor maneira que pude, aproveitando que ele só se aproximou de mim para ter a chance de ficar perto de você, pois ele sempre nos via juntos. Ele não sabe dos meus planos nem que estou apaixonada por Emílio, mas lhe garanto que, se soubesse, concordaria com o que fiz, só para separá-la do Emílio.

Marina ouviu tudo calada. Quando terminei de falar, sem dizer uma palavra e com os olhos faiscando de raiva, pulou em cima de mim, esmurrando-me sem parar. Como eu já previa algo desse tipo, armei-me de muita força, conseguindo dominá-la com meu enorme corpo sobre ela, apertando sua garganta. Enterrando minhas unhas em sua carne, urrei com os olhos cheios de ódio mortal. Ela estremeceu de pavor. Eu me fortaleci ainda mais e disse, ameaçando-a:

— O que você está sentindo agora não representa nada, em vista do que vai sentir se disser uma só palavra de tudo o que acaba de ouvir ao Emílio ou a quem quer que seja. Como já lhe disse, Emílio é meu. Portanto, deixe tudo como está, nem pense em procurá-lo ou fazer com que ele fique sabendo a verdade, porque se fizer isso, acabo com sua vida, a dele, e a minha, pois sem ele, nada mais tem importância para mim, você entendeu? – apertei ainda mais seu pescoço, tornando a perguntar: — Entendeu? Responda!

Tremendo, ela respondeu apavorada:

— Sim, entendi. Fique sossegada, não vou dizer nada a ninguém. Solte-me, está me machucando.

Apertando de novo seu pescoço, quase a sufocando, ordenei:

— Procure Nico e diga-lhe que gostou muito dos seus beijos e abraços, que já terminou com Emílio e que gostaria de namorá-lo. Como sei que ele vai topar, comece a namorar logo e faça o possível para que o Emílio os veja juntos.

— Mas eu não suporto o Nico, não posso namorá-lo, por favor! Não me peça isso! Faço tudo o que você quiser, mas isso não.

— Não estou pedindo! Estou exigindo! Quando for possível, eu a libero para terminar com ele. Mas, lembre-se, só quando eu mandar. Prometo que não vai demorar muito, é só o tempo de eu me casar com Emílio.

Cabisbaixa, sem ter alternativa, respondeu:

— Está bem. Não me resta mais nada a fazer. Entrego tudo nas mãos de Deus, tenho certeza de que Ele fará com que se arrependa do mal que está fazendo para as pessoas que a quiseram tanto bem.

— Ora, não me venha com lamúrias! Em meu lugar você faria o mesmo! Então, tchau, querida – dei-lhe um beijo no rosto e fui embora.

Ao chegar em casa, encontrei Nico à minha espera. Abraçou-me, entusiasmado:

— Não sei como agradecê-la, Angélica, pois tenho certeza que você armou tudo isso porque queria acabar com o namoro dos dois. Ou pensa que não percebi que é apaixonada pelo Emílio? Só eles não perceberam isso. Também, apaixonados como estão, um pelo outro, quando estão juntos não enxergam mais nada à sua volta. É pena que Emílio vai acreditar piamente em Marina quando ela contar o que realmente aconteceu, e você, minha cara amiga, se prepare! A coisa vai ficar muito feia para seu lado, e vai ter que confessar tudo o que aprontou. Da minha parte, você não precisa explicar nada, pois só tenho que lhe agradecer. Só o fato de ter tido Marina em meus braços e tê-la beijado como a beijei, valeu a pena.

— Nico, fique sossegado. Marina não vai contar nada para o Emílio. Eles não vão se falar nunca mais, pois já cuidei para que isso não aconteça. Ou você acha que depois de tudo o que armei, eu iria correr esse risco? Venha, vamos dar uma volta por aí, vou lhe contar como as coisas estão. Espero poder confiar em você; se me trair, direi que tudo foi planejado por você! Digo que tendo descoberto que amo Emílio, você fez chantagem comigo dizendo que contaria para ele do meu amor. Estamos entendidos?

Ele fez sinal que sim com o polegar. Contei tudo o que fiz com Marina. Ao terminar, ele segurou minhas mãos com força, como se para me garantir que não diria nada. Em seguida, falou:

— Prometo que nunca vou dizer a ninguém o que você acaba de me contar. Você realizou o maior sonho da minha vida, que é o de ficar com a Marina! De hoje em diante, quero ser seu melhor amigo.

Puxei minhas mãos bruscamente:

— Nem pense nisso. De hoje em diante, não nos falaremos mais. Emílio tem que pensar que terminei minha amizade com você por conta do que aconteceu entre você e Marina. Você vai procurá-la e pedi-la em namoro, se ela não aceitar, venha falar comigo o mais rápido que puder. Não podemos deixar que ela e Emílio se encontrem. Não diga nada do que combinamos. Finja que não sabe de nada e procure grudar nela. Eu farei o mesmo em relação a ele. Agora, adeus.

Assim que o deixei, fui procurar Emílio. Encontrei-o muito abatido. De cabeça baixa veio ao meu encontro. Deu-me o costumeiro beijo na face. Senti um desejo enorme de abraçá-lo e acariciá-lo, mas achei melhor ir com calma. Consolei-o da melhor maneira que pude. Ele falou de Marina o tempo todo. Eu o escutei me controlando para não gritar: "Chega! Não aguento mais ouvir você falar nela! Olhe para mim! Estou aqui ao seu lado! Amo-o desesperadamente! Sou até capaz de matar pelo seu amor!". Mas contive-me e ouvi-o pacientemente, pensando: "Um dia isto vai ter um fim e nesse dia estarei ao seu lado, feliz, porque ele vai ser totalmente meu". E assim aconteceu.

O tempo foi passando. Marina, por medo das minhas ameaças, cumpriu fielmente todas as minhas ordens. Nico começou a namorá-la, imediatamente após nossa última conversa. Logo, ficaram noivos, assim como eu e Emílio, pois no dia do nosso primeiro envolvimento, engravidei, e ele, achando-se culpado pelo mal, que, segundo ele, me fez, achou-se na obrigação de reparar.

Parte 9

Casamento por Sacrifício

Embora sabendo que ele continuava apaixonado por Marina, casamo-nos antes que nosso filho nascesse. Marina terminou seu noivado com Nico. Conforme nosso combinado, depois que eu me casasse, ela que fizesse o que bem entendesse com seu namoro. "Agora, acreditava eu, ela não pode mais tirá-lo de mim", ainda mais que eu ia ter um filho dele.

Ah! Como eu estava enganada! Desde o dia do nosso casamento, Emílio começou a mudar seu comportamento. Na minha tão esperada noite de núpcias, ele foi dormir em quarto separado. "É para não prejudicar o neném", – desculpava-se ele. Mas eu sabia que o motivo não era esse, pois desde quando me entreguei a ele, aproveitando-me do seu desespero, nunca mais tivemos relações íntimas.

Passados alguns meses após nosso casamento, dei à luz um menino. Emílio parecia contente. Sempre ao chegar em casa, após o trabalho, corria para junto do filho, sem ao menos me cumprimentar. Tentava me aproximar, fazendo um carinho, mas ele se retirava com o filho nos braços, sem ao menos olhar para mim. Eu estava começando a me preocupar de verdade. Até então, achava que era por causa do meu estado, mas logo me convenci da verdade: ele só se casou por causa da criança que geramos impensadamente. Ele, por desespero, por conta do ocorrido com Marina, eu pela volúpia de um amor que me levava à loucura. Ah, meu irmão! Você não faz a mínima ideia do que passei a sentir a partir desse momento. Minha vida tornou-se um verdadeiro inferno. Passei a rondar meu marido o tempo todo que ele passava fora de casa.

No começo, não vi nada de errado que pudesse culpá-lo. Cheguei até a relaxar um pouco, achando que era coisa da minha cabeça. Mas, e o nosso convívio de marido e mulher? Nosso casamento nunca se concretizou, apesar de termos um filho. Ele foi concebido em um primeiro e único relacionamento, antes do casamento. Para meu crescente desespero, Emílio foi se distanciando cada dia mais.

Ele, que nunca teve o hábito de tomar bebida alcoólica, começou a chegar em casa tarde da noite e cada vez mais embriagado. Eu nem conseguia abrir a boca para reclamar, pois parecia que ele não me via. Chegou até a ignorar o filho. Emílio mudou todos os seus antigos hábitos e mudou para muito pior. Eu não reconhecia mais o homem a quem tanto amei e por quem fui capaz de fazer tanta loucura.

Certa noite, decidida a descobrir o que realmente estava acontecendo, resolvi segui-lo. Para meu desespero, depois de muito caminhar, eu o vi encontrar-se com uma mulher. Estava escuro, por isso não deu para reconhecer quem era, mas consegui ver muito bem quando se abraçaram e beijaram longamente. Não sei dizer o que senti nesse momento! Vi tudo girar à minha volta. Só me lembro do meu corpo batendo no chão, num desmaio que durou muito tempo. Quando recuperei os sentidos, lembrei-me do ocorrido. Fiquei sentada ali, por quanto tempo não sei, só sei que chorei todas as lágrimas que me restavam. Levantei-me e tomei uma decisão: "Se ele pensa que vou ficar aqui chorando e me lastimando, está muito enganado. Já consegui que ficasse comigo uma vez, e não é agora que vou desistir de lutar. Ele vai ver só do que sou capaz! Vou fingir que não sei de nada. Ele nem vai perceber que saí. Ah, desgraçado! Você não deveria ter feito isso. Agora, não respondo por mim. Vai me pagar pelo pouco caso que fez durante todo esse tempo que estamos juntos, por nunca ter me dado um mínimo de carinho e não ter retribuído pelo menos um pouco do meu amor. Amanhã, vou segui-lo de novo, mas, desta vez, não vou perder os sentidos, vou me controlar. Quero ver quem é a ordinária que está com ele. Eles vão ver o que é bom".

Ao chegar em casa, como costumeiramente fazia, Emílio foi direto para junto do nosso filho, sem ao menos me cumprimentar. Senti enorme vontade de pular em cima dele, esmurrando-o, até vê-lo morto, mas, com enorme esforço, me contive. Agi como se estivesse tudo normal. Como de costume, preparei seu banho, servi seu jantar, como uma esposa amorosa costuma fazer para seu amado marido. Jantamos na mais perfeita paz. Quem visse aquela cena, juraria que éramos um casal perfeito, embora jantássemos em silêncio. Para tentar disfarçar o que eu estava sentindo, tentei entabular conversa:

— Como foi seu dia hoje? Está tudo bem com você, em seu trabalho? Parece cansado! Deve estar trabalhando muito, não é? Tem chegado tarde. Por acaso tem algum problema? Se quiser me contar, talvez possa ajudá-lo.

Ele empurrou o prato, respondendo num tom de voz tão baixo, que quase não o ouvi.

— Está tudo muito bem comigo, não precisa se preocupar. Preocupe-se somente com meu filho.

— Com nosso filho – respondi em tom agressivo. — Não se esqueça, nosso filho!

Olhou-me, de cima a baixo, com ar de desprezo, como se quisesse acusar-me de algo, mas saiu sem dizer mais nada. Trancou-se em seu quarto, onde permaneceu até o dia seguinte, quando foi para o trabalho.

Passei o dia tramando o que faria para acabar com a amante de Emílio. Planejava coisas horríveis. Cuidava do menino quase com raiva, ao lembrar que só ele interessava a meu marido.

Estava completamente absorta em meus pensamentos, quando o telefone começou a tocar. Depois de muita insistência, resolvi atender. Do outro lado da linha, uma voz irônica de homem:

— Olá, Angélica! Como vai? E aí! Como está se sentindo como uma mulher gorda, feia e traída? Sim, minha cara! Você está sendo traída, sabia? Não adiantou nada tudo o que fez para conseguir fisgar o cara que você tanto queria. Saiba que tudo o que se consegue destruindo as pessoas, como você fez, nunca, em hipótese alguma, dá bom resultado. E o tiro sempre sai pela culatra. Estou ligando para dizer que foi tudo em vão. Você me usou, fazendo com que eu participasse da sua trama maldosa. Tirou proveito do grande amor que eu sentia e ainda sinto por Marina. Pois fique sabendo que fiz com que eles se reconciliassem, contando todo o seu plano para Emílio. Implorei o perdão de ambos, mostrando-lhes que não tive culpa de nada, pois fui enganado tanto quanto eles. Como eles são pessoas do bem, acreditaram em mim, e hoje desfrutam o amor verdadeiro que sentem um pelo outro.

Enraivecida, fora de mim, comecei a gritar feito uma louca, tão alto, que meu filho, assustado, se pôs a chorar. Eu não ouvia mais nada, estava alucinada:

— Nico!!! Seu miserável, traidor! Você bem que se aproveitou do meu plano. Graças a mim, conseguiu o que queria. Teve Marina como sua namorada por um bom tempo. Agora, vem querendo dar lição de moral! Mas isso não vai ficar assim. Pode ter certeza que não. Eu acabo com ela e com você, e, se for preciso, acabo com o Emílio também, pois se ele não for meu, tampouco será dela.

Nico fez silêncio durante alguns segundos. Pensei que tivesse desligado, chamei-o:

— Nico, seu desgraçado, ainda está aí?

— Sim, estou aqui. Minha intenção era fazer você sofrer pelo menos um pouco do mal que nos fez, mas, após sentir o quanto você ama o Emílio, confesso que estou com muita pena de você. Escute este conselho: procure raciocinar, pense um pouco no seu filho e em você mesma. Emílio não a ama, ele a queria como uma irmã. Sempre lhe demonstrou isso. Por causa desse amor louco que sente por ele, até esse afeto você destruiu. Agora, ele sente algo bem diferente a seu respeito, e, creia-me, não é nada bom seu sentimento. Ainda não a abandonou por causa do filho, que é muito novinho, mas quando ele tiver mais idade, pode ter certeza que você vai ficar só. Ele e Marina já estão praticamente vivendo juntos. Quando está fora de casa e do trabalho, ele está com ela. Eles fizeram uma denúncia contra você em uma delegacia de polícia, por conta das ameaças que fez a Marina. Portanto, tome cuidado com o que vai fazer.

— Não tenho medo de nada! Vou acabar com os dois e com você também, seu desgraçado, traiçoeiro. Só quero que me responda uma coisa: cadê todo aquele amor que dizia sentir por ela? Acabou assim, de repente?

Nico deu um suspiro profundo e respondeu com a voz embargada:

— Não, Angélica! Aquele amor está guardado aqui dentro do meu coração. O desejo de conquistá-la já passou. O que ficou foi um sentimento, puro e verdadeiro, não aquela paixão de rapaz. O amor que sinto por Marina é tão grande, que me faz ter um único desejo: que ela seja feliz, não importa com quem. Como você bem sabe, a felicidade dela é estar com Emílio. Por isso, resolvi contar toda a verdade aos dois, e a aconselho a fazer o mesmo. Se você o ama de verdade, deixe que ele viva em paz com a mulher de sua vida. Procure ser feliz, nem que seja só com seu filho. Adeus, Angélica! Não tenho mais nada para lhe dizer.

Nico desligou o telefone, deixando-me louca com suas palavras. Peguei meu filho e fui direto para a empresa onde Emílio trabalhava. Cheguei bem no momento em que todos saíam. Ao vê-lo, minha vontade era de avançar sobre ele e esmurrá-lo, mas, segurando o menino com força, controlei-me e o segui. Não muito longe dali, ele e Marina se encontraram. O beijo que trocaram me queimou a alma. Perdi todo e qualquer raciocínio. Fui para cima dos dois, jogando meu filho ao chão. Enquanto Emílio, com grande esforço tentava me segurar, Marina soltou-se das minhas mãos com os olhos arregalados. De repente, ouvi um frear de carro, gritos, muita gente correndo em nossa direção. Eu e Emílio nos voltamos. Fiquei paralisada, como se estivesse pregada no chão. Marina, estendida no asfalto, com os braços esticados segurando o meu filho, estava com duas pernas presas debaixo de uma roda do carro. Ao ver seu corpo encharcado de sangue, perdi as forças. Senti meu pesado corpo bater no asfalto, mas não perdi totalmente o sentido. Em poucos instantes o local ficou lotado de curiosos. Logo, apareceu um carro de polícia. Um policial começou a interrogar as pessoas:

— Alguém viu como aconteceu o acidente?

Uma senhora respondeu:

— Eu vi tudo! Estava parada vendo essa mulher (apontou para mim) agredindo aquele homem – apontou para Emílio – e a moça atropelada. Ela jogou a criança no chão e avançou para cima dos dois. O menino começou a chorar, caminhando de um lado para outro. O senhor pode ver que ele é muito novinho, mal consegue dar uns passinhos. Ele foi para o meio da rua, chorando muito, e, nisso, surgiu o carro; ainda bem que ele vinha devagar, senão teria sido muito pior. A moça conseguiu se livrar dessa aí e correu para a frente do carro, salvando a vida do menino.

Aquelas palavras entraram em mim como se fossem lâminas cortantes. Feriram meu cérebro como se fossem balas de grosso calibre. Sem forças nem coragem para me levantar do chão, pus-me a raciocinar, desesperada: "Meu Deus! Enquanto eu tentava destruí-los, pois era esse meu propósito, esquecendo completamente do meu filhinho, que é a única coisa que tenho de mais valioso, o único ser que me ama de verdade nesta minha vida inútil, Marina não pensou em quanto a fiz sofrer; vendo meu filho em perigo, arriscou a própria vida para salvá-lo".

Enquanto isso, o policial, que já havia providenciado socorro para Marina, deu-me a mão, ajudando-me a levantar:

— A senhora e esse senhor – disse apontando para Emílio, que estava com nosso filho no colo, após ter se identificado como pai – queiram me acompanhar até a delegacia para prestar depoimentos.

Emílio implorou:

— Por favor, senhor, deixe-me acompanhar a moça acidentada.

— Sinto muito, mas não posso. Ela já está sendo socorrida. Entrem na viatura, por favor.

Fizemos o percurso até a delegacia, bem distante dali. Emílio, agarrado ao filho como que para protegê-lo, permaneceu de cabeça baixa o tempo todo. Não disse uma só palavra. Eu queria dizer que sentia muito, que não sabia o que estava fazendo. Que por causa do grande amor que sempre sentia por ele, e por medo de perdê-lo, fui perdendo o poder de raciocínio, e a única coisa que contava para mim era ele estar do meu lado, a qualquer custo, mas não consegui abrir a boca. Permaneci como ele, calada.

Ao chegar à delegacia, o policial nos conduziu a uma sala e saiu, fechando a porta atrás de si. Meu filho, pobrezinho, depois de tanto chorar, adormeceu no colo do pai. Nós continuamos do jeito que chegamos. Nem uma palavra, nem um gesto, nem um olhar. Parecíamos dois robôs.

Passados alguns minutos, que pareceram uma eternidade, entrou na sala um senhor, apresentando-se como delegado:

— Uma testemunha disse que viu tudo o que aconteceu. No depoimento, ela disse que viu o senhor e a vítima juntos, quando a senhora apareceu e foi logo agredindo os dois. Disse que a senhora parecia estar louca, jogou a criança ao chão e que o senhor tentou segurá-la. Enquanto isso, a vítima, vendo o perigo que o menino corria, atirou-se na frente do carro, jogando a criança para a frente, salvando assim sua vida.

O delegado começou a examinar meu filho:

— Parece que o livrou de ficar muito machucado. Pois bem, agora quero ouvir a versão de vocês.

Eu tremia feito vara verde. Tinha certeza de que Emílio aproveitaria o acontecido para se livrar de mim e ficar com nosso filho. Era o certo a fazer. Era uma grande oportunidade de me botar na cadeia por um bom tempo. Com o gesto de Marina, pensava eu, ela fez com que ele a admirasse muito mais, aumentando assim seu amor por ela. Comecei a pensar na burrice que cometi, desde o começo, tentando, a qualquer custo, separá-los e fazer com que Emílio se casasse comigo.

Concentrada em meus pensamentos, só me dei conta da conversa quando ouvi a voz de Emílio:

— Não foi assim que aconteceu, doutor! A testemunha se enganou, com toda certeza! Eu, Marina e minha mulher, estávamos conversando, pois tínhamos acabado de nos encontrar. Marina é conhecida nossa de longa data. O menino escorregou dos braços da mãe, o senhor sabe com são as crianças! Marina foi quem viu que ele encaminhava-se para a rua. Quando eu e Angélica percebemos o que ia acontecer, já era tarde. Foi muito rápido. Marina arriscou sua vida para salvar meu filho. Portanto, nem eu nem a minha esposa tivemos culpa de nada.

O delegado, aparentando pouca crença no que Emílio disse, perguntou-me:

— A senhora confirma o que seu marido disse? Foi assim mesmo que tudo aconteceu?

Eu olhava para Emílio sem conseguir responder. Ele levantou-se da cadeira, dirigindo-se a mim, e passou a mão pelo meu rosto:

— Minha mulher está atordoada, doutor! Desde o acontecido, ela não disse uma só palavra. Coitada, imagino como está chocada. Este menino é nosso único filho. Ela não poderá ter outros.

Eu não acreditava no que ouvia! Emílio estava mentindo para me salvar da cadeia! A mim, que tanto mal fiz a ele e a Marina! "O que será que está tramando? Com certeza vai me chantagear, fazendo com que eu saia do seu caminho e de Marina! Meu Deus! O que vai ser de mim agora? Perdi o grande amor da minha vida e acabo de perder também meu filho! Com certeza, Emílio vai tirá-lo de mim."

O delegado nos levou para sua sala e fez com que assinássemos nosso depoimento, dispensando-nos em seguida.

Ao chegarmos em nossa casa, Emílio entregou-me o menino:

— Vou ao hospital ver como está Marina. Se ela estiver passando bem, volto para conversarmos sobre o que aconteceu hoje.

Parte 10

O Arrependimento

Assim que Emílio saiu, troquei a roupa do meu filho, alimentei-o e o coloquei na cama, já adormecido. Saí correndo em direção ao hospital, onde levaram Marina. Ao chegar, vi Emílio na recepção. Esperei que saísse e o segui até o quarto. Fiquei do lado de fora, encostada à porta, onde podia ouvi-los sem que me vissem. Emílio chegou, beijou-a na testa:

— Como está? Na recepção me disseram que se feriu muito, mas que não corre nenhum perigo. Parece que fraturou ambas as pernas, mas que não é grave.

Ela segurou sua mão:

— Emílio, será que o nosso amor não tem jeito? Pelo que vejo, não adianta tentarmos ser felizes juntos. Angélica vai estar sempre entre nós.

Emílio puxou uma cadeira que estava por perto, sentou-se, segurou a mão de Marina e beijou-a:

— Marina, você é e será sempre o meu verdadeiro e único amor. Jamais outra mulher ocupará seu lugar em meu coração, mas quero lhe dizer uma coisa muito séria: temos que pensar em Angélica, também somos causadores do seu sofrimento. Principalmente eu, que sem me dar conta, deixei crescer um sentimento de amor em seu coração. Por ela ser muito só, apiedei-me, tratando-a sempre com amor fraternal e com muita ternura, pois a amava como querida irmã. Era assim que a via. Mas ela, coitada, apegou-se a mim, apaixonando-se. Esse amor a cegou. Nada mais importava para ela. Nunca me dei conta disso. Depois, quando surpreendi você e o Nico, em vez de falar com você, fui me consolar nos braços dela, sem me importar com o que isso representaria para ela, pobrezinha. Imagine você, como ela deve ter sofrido e sofre até hoje. Sei que você deve estar pensando também no nosso sofrimento. Mas quero que se lembre, querida, que nós temos a certeza do nosso amor. Nós somos pessoas normais, você é uma mulher perfeita, bonita, esbelta. Mas Angélica não é nada disso. Quando a conheci, a aparência dela não me importava em nada, eu nem notava a imperfeição do seu corpo. Como disse, eu a amava como a uma irmã, e isso me bastava.

Marina enxugou uma lágrima que corria por seu rosto.

— Pode me dizer aonde quer chegar?

Emílio levantou-se, deu alguns passos de costas para ela, voltou-se e disse:

— Querida, quero lhe dizer que na delegacia, enquanto aguardava para dar meu depoimento, pensei em tudo isso. Fiquei com tanta pena dela, que menti ao delegado, livrando-a da cadeia. Quero lhe dizer também, contando com a sua bondade, que não posso deixá-la, como havíamos combinado. Sinto muito, meu amor, mas deste momento em diante, não nos veremos mais. Vou lhe dar toda a assistência de que precisar até que se restabeleça. Mas este é o nosso adeus.

Chorando, Marina abraçou-o:

— Você está certo, meu querido. Não podemos construir nossa felicidade em cima do sofrimento de Angélica. Embora com o coração despedaçado, concordo plenamente com você. Fique tranquilo. Quando prestar meu depoimento ao delegado, confirmarei tudo o que você disse.

Abraçaram-se e beijaram-se, com todo o desespero do amor destroçado, mais uma vez, por minha causa.

Esperei alguns instantes, recompus-me e entrei no quarto. Os dois olharam-me preocupados. Emílio, temendo o pior da minha parte, já prevendo um grande escândalo, colocou as mãos em meus ombros, segurando-me:

— Angélica, tenha calma, por favor. Eu e Marina estamos nos despedindo para sempre. Reconhecemos nosso erro não dando valor ao que você tem sofrido desde que nos conhecemos. Fui o grande culpado por não ter sabido demonstrar logo no princípio que o que eu sentia por você era um amor fraternal. Quero que saiba, querida, que embora não tendo demonstrado, ainda a amo como uma irmã. Para mim você sempre será a minha querida irmãzinha. E esse amor tornou-se ainda maior pelo fato de termos um filho. Portanto, peço que me perdoe por tudo o que a fiz sofrer durante todo esse tempo. Vamos para casa, pois pelo que percebi, deixou nosso filho sozinho.

Despediu-se de Marina, puxando-me em direção à porta. Soltei minha mão e voltei-me para ela, que me olhava com tanta ternura, que senti vontade de sair correndo dali sem olhar para trás. Sentindo muita vergonha, pois naquele momento, enquanto Emílio falava, veio-me à mente toda a minha vida. Revi cena por cena, tudo o que eu fiz para conseguir ficar com ele. Passei por cima de qualquer obstáculo, não me importando com a destruição de quem quer que fosse.

Ajoelhei ao lado da cama e supliquei:

— Marina, Emílio, pelo amor de Deus, me perdoem. Neste momento entendi todo o mal que fiz a vocês, e arrependo-me do fundo do meu coração.

Marina fez com que me levantasse e, acariciando minha mão, respondeu chorando:

— Angélica, não tem que pedir perdão. No seu lugar talvez eu fizesse o mesmo! Você apenas lutou pelo seu amor! Foi errado? Não sei, ninguém pode julgá-la. Mas se lhe faz bem, saiba que a perdoo de todo coração. E quero que saiba que também sempre gostei muito de você. Por esse motivo fiz tudo o que me ordenou que fizesse para deixar Emílio. Mas agora, fique sossegada, pois vou sair definitivamente da vida dele. Como ele mesmo disse, tem uma dívida de gratidão para com você.

Segurando suas mãos com carinho, eu disse:

— Não, Marina! Caí em mim, estou ciente do mal que fiz a todos, até ao coitado do Nico, que fez tudo achando que assim teria seu amor. Sabe, Marina, ele te ama de verdade. Por isso contou tudo para Emílio. Ele quer que você seja feliz com quem você ama. E eu também. Chega de fazer sofrer as pessoas que me amam de verdade. Vocês acabam de dar essa grande prova de amor por mim, pois estão dispostos a sacrificar o amor de vocês para que eu pare de sofrer. Eu renuncio a você, Emílio. Quero que fiquem juntos e sejam felizes. Eu também vou procurar ser. Deus me deu uma joia muito valiosa, que é meu filho, e eu, na minha loucura, não me dei conta do quão importante ele é para mim. Graças a Deus, tenho por quem dedicar a minha vida. Preciso ir-me agora, deixei-o sozinho em casa. Adeus, meus queridos. Que Deus os abençoe por me perdoarem! Emílio, não se esqueça do nosso filhinho; não gostaria que ele se criasse sem o amor do pai.

Dirigi-me para a porta, apressada. Emílio segurou-me pelo braço e abraçou-me, comovido:

— Jamais abandonarei o nosso filho! Estarei sempre presente na vida dele e na sua também. Finalmente, voltou a ser a irmã que sempre considerei. Não lhe digo adeus, pois quero continuar cuidando de você também.

Saí dali me sentindo como se tivesse acabado de nascer. Não era mais a mesma pessoa. Já não me achava tão feia. De repente, senti uma transformação muito grande em todo o meu ser. Fui para casa cantarolando, coisa que nunca havia feito em toda minha vida! Aquela pessoa amarga que existia em mim sumiu, como por encanto.

Ao chegar em casa, abracei meu filho, que dormia como um anjo. Segurei-o em meus braços, pela primeira vez, com tanto amor, que me pareceu que ele sentiu isso. Abriu os olhinhos, fitando-me com a ternura que só os olhos de uma criança pode transmitir. Sorriu para mim e, naquele momento, achei que ia explodir de tanta felicidade e emoção. Beijei-o, carinhosamente, sentindo pulsar no meu peito o verdadeiro e abençoado amor de mãe. Agradeci ao nosso criador, fervorosamente, como nunca havia feito em toda minha vida, pois nunca me dei conta de que ele existia.

Dali para a frente, eu nunca mais soube o que era sofrimento ou solidão. Dei a liberdade a Emílio, que se casou com Marina, e tiveram três filhos. Nós nos tornamos grandes amigas. Nico passou a me visitar constantemente, agradecido pelo meu gesto em relação aos dois.

Fomos nos acostumando com a presença um do outro, até descobrirmos que estávamos apaixonados. Então, minha felicidade ficou completa. Meu filho acabou tendo dois pais e duas mães, pois Nico e Marina tinham verdadeira adoração por ele.

Passei a cuidar de mim com mais atenção, tornando-me uma mulher que, se não bonita, pelo menos vistosa, elegante e bem simpática.

Vivi anos de verdadeira felicidade. Fiz do meu filho um homem de bem, que me adorava. Eu e Nico vivemos um grande amor. Envelhecemos juntos e tivemos uma velhice tranquila, amparados por meu filho. Nico desencarnou pouco tempo antes de mim e, para minha felicidade, veio buscar-me quando chegou a minha hora de fazer a viagem de retorno ao verdadeiro lar.

Ouvi toda sua história, sem interromper. Em dado momento, achei que havia terminado, mas após tomar fôlego, recomeçou:

— Veja como são as coisas: eu, que em outra encarnação fiz tanto mal para as pessoas que me amaram, voltei para resgatar minha dívida com todos. E acredite, meu irmão, hoje me sinto feliz e em paz com Deus e comigo mesma. Tenho certeza que nada mais me fará sair do caminho que leva ao Pai. Cumpri minha tarefa com Lídia, que reencarnou como Nico, pois segundo a lei maior, sempre foi nosso destino estarmos juntos, e com seu pai, que retornou como Emílio, que em outra vida perdeu-se por minha culpa, vindo parar aqui, sofrendo todas as penas que sofreu, por não cuidar de sua amada filha, protegendo-a e ao ser em formação dentro do ventre dela. Com Marina, que como mãe de Lídia sofreu muito com a perda da filha e do marido, ao cometer horrendo crime. O destino deles, que era para ser feliz, eu cortei com minha irresponsabilidade de homem vaidoso e cruel. O filho que Lídia esperava de mim, o qual eu não queria que nascesse, nessa encarnação tornou-se o maior motivo para que minha vida valesse a pena. Por isso, reencarnei como Angélica, feia, gorda, sem nenhum atrativo, como tinha que ser. Dependia de mim mudar o rumo de minha vida, mas, de novo, fiz tudo errado. Nico, cuja missão era, com seu amor, me salvar do triste destino que eu mais uma vez buscava com a minha ignorância, apareceu em minha vida para mudar tudo.

— E o que foi feito deles todos? Onde estão?

Um sorriso iluminou seu rosto:

— Estão todos encarnados. Cada um cumprindo sua nova missão, sempre juntos e felizes. Seu tempo de aprendizado, com a graça de Deus, acabou. Agora, vivem a vida como o nosso Pai nos reservou, após aprendermos com as nossas próprias penas que nascemos para praticar somente o bem. Aquele que aprende rápido deixa de sofrer logo nas primeiras reencarnações. Os que não aprendem, vão cavando seu próprio sofrimento. Sendo castigada pelos erros é que as crianças aprendem a se corrigirem. Infelizmente, somos como crianças, e, embora contra sua vontade, o Pai tem que nos castigar.

Toquei em seu ombro:

— Estou muito feliz por você e pelos outros, meu irmão. Penso que não nos veremos mais, pelo menos não neste lugar.

Sorrindo, respondeu-me, desaparecendo:

— Acredite, com certeza não nas condições anteriores. Agora tenho que ir. O meu invólucro carnal está despertando e muito trabalho me espera. Adeus! Até uma próxima oportunidade. Obrigado por tudo.

Partiu, deixando em meu coração uma grande sensação de paz. Comecei a meditar: "Ah, se todos usassem a sabedoria que Deus nos dá! Ele nos fez à sua imagem e semelhança. Ele, que tudo pode, faz somente coisas boas e maravilhosas e nós usamos nossa inteligência para fabricar armas e drogas para nos destruirmos. Ainda tem quem escreve, em certos livros, que Deus armou a mão de um povo para destruir o outro, para irmãos lutarem contra irmãos, quando, na verdade, Ele nos quer unidos, independente de cor, credo, raça, enfim, somos todos Seus filhos, Ele não quer nos ver destruindo um ao outro. Pelo contrário, temos que tentar trazer para o bem aquele que está no caminho do mal. Quem sabe um dia nos cansemos de nossa ignorância e passemos a enxergar a realidade".

Parte 11

Caminhada Consciente

Novamente voltei minha atenção para os seres que caminhavam, sem rumo, carregando os pesados fardos trazidos de reencarnações passadas. Uns mais leves, em virtude das faltas cometidas terem sido menos graves, enquanto que outros tinham uma cruz muito mais pesada; contudo, conformados com sua sorte, pois têm consciência de que todo sofrimento infligido a eles foi motivado por sua própria culpa, por causa da vida desregrada que levaram. Ao ter a chance de reencarnar novamente para poder se redimir dos erros praticados, esqueceram-se disso e cometeram os mesmos erros, só se lembrando de tudo quando desencarnaram, vindo daí intenso arrependimento e atroz sofrimento.

Sabedor que retornará para este lugar, ou para outro pior, não aceita separar-se do corpo carnal e permanece ali, sofrendo e assistindo ao sofrimento da família, dos amigos e das pessoas a quem tanto prejudicou, fazendo-os derramar lágrimas por conta dos seus crimes. Então, no momento do desencarne, se arrepende. Não se conformando com o sofrimento das pessoas que o amam, gruda-se a elas e não se afasta um momento sequer. Por mais que os grupos de socorro ofereçam ajuda, não aceita, e continua vivendo com eles. Sofrendo muito por não conseguir ser visto nem ouvido, fica zangado e enciumado, e começa a provocar desavenças entre as pessoas.

Alguns demoram anos para compreender que não pertencem mais a esta dimensão e que seu destino, que fora traçado por eles mesmos, enquanto desencarnados, terá que ser cumprido. Deverão entender que, ao reencarnarem, terão a chance de resgatar suas dívidas, seguindo as leis de Deus, minuciosamente, as quais eles têm conhecimento. No momento em que adquirem essa consciência, clamam por socorro, que lhes é prestado imediatamente. Após serem socorridos e cientes da sua obrigação, aceitam cumprir sua trajetória (que deve ser baseada somente no bem), com coragem e resignação, para a alegria do Pai, que só quer nosso progresso e evolução espiritual, até atingirmos a perfeição, onde então, alcançaremos a felicidade plena.

Enquanto medito, avisto, entre aqueles infelizes, uma figura de mulher que se aproxima do muro, sorrindo com meiguice, levando claridade para aquele lugar tão escuro e cheio de tristeza e amargura. Seus olhos brilham tanto que parecem estrelas no céu escuro. Seus passos são leves como plumas. Ao deparar com tamanha beleza, também abro um sorriso largo, dando-lhe boas-vindas.

— Olá! Posso perguntar o que a traz até este lugar, tão triste e melancólico, trazendo tão resplandecente luz?

Abrindo ainda mais seu encantador sorriso, e com uma voz que mais parecia um canto de louvor, responde-me:

— É com imensa felicidade que aqui retorno. Há algum tempo venho rogando aos superiores permissão para esta visita, pois nunca esqueci a caridade do irmão, quando aqui estive, em tempos passados. Mesmo com aparência desfigurada e horrível, representando assim o monstro que fui, em recente encarnação, o irmão recebeu-me de braços abertos, e, com paciência, ouviu-me e aconselhou-me, dando-me forças para que eu cumprisse minha sina com resignação. Queria que soubesse que, apesar de tanto sofrimento, hoje agradeço por tudo. Finalmente encontrei a salvação para a glória e alegria do nosso Pai celestial.

Perguntei, como se já não tivesse vislumbrado toda sua história:

— Mas, quem seria? Confesso que não é nada comum aparecerem anjos tão belos e com tanta luz por aqui.

Com seu maravilhoso sorriso, respondeu-me:

— Meu irmão! Será que não se lembra mesmo da aborteira? Aquele amontoado de carnes podres que eram comidos pelos pobres coitados a quem fiz tanto mal, quando encarnada, impedindo-os de nascerem e cumprirem sua missão na Terra?

— Meu Deus! – respondi estupefato. — Está mesmo irreconhecível! Quem diria! Conte-me, como tem sido sua vida? Como conseguiu se tornar tão bela?

Sempre sorrindo, respondeu-me:

— Não foi nada fácil! Demorei muito tempo para entender que fazer tudo o que temos vontade só nos traz sofrimentos e amarguras, e que o nosso egoísmo, querendo pegar tudo do bom e do melhor, sem se importar com aquilo que está reservado para cada um, só nos trará prejuízo. Aquilo que estiver reservado para nós será nosso, seja o que for, e temos que aceitar aquilo que merecemos, sem nunca deixar de lutar para termos o melhor, contudo, sem prejudicar a ninguém. Dentro da honestidade, toda luta será coroada de êxito. Quando temos uma grande dívida, já perdoada por nós mesmos, Deus nos permite voltar à carne para termos nova chance, para que consigamos o perdão daquele a quem prejudicamos um dia, mas temos que recomeçar do zero, lutando sempre a favor dele. Assim aconteceu comigo, por várias vezes, desde que aqui passei.

Percebendo minha curiosidade, parecendo ler meu pensamento (eu creio que tem esse poder), respondeu-me com seu peculiar sorriso:

— Sei o que está pensando! Se não me viu mais por aqui foi porque aprendi muito. Cometi erros, em cada nova encarnação, porém, não foram tão graves, por isso não precisei voltar aqui. Graças a Deus, foram-me dadas chances de resgatar minhas dívidas, mas isso não quer dizer que não tive de pagar duras penas por conta dos meus erros. O que me trouxe aqui hoje foi o desejo de lhe agradecer pela ajuda que me deu. Graças à boa vontade que teve em me ouvir, pude desabafar e reconhecer o quanto mereci passar por todo aquele sofrimento. Ah, meu irmão, se as pessoas soubessem o quanto sofremos quando estamos do outro lado, por conta do mal que fizemos, com certeza pensariam duas vezes antes de cometer os crimes que cometem. Alguns matam, sem a menor piedade, não dando ouvidos à voz da consciência que sempre nos alerta antes do crime cometido: "Cuidado, você vai ter que responder por isso perante a lei do homem e também a de Deus". Geralmente eles pensam, mesmo sabendo que estão errados: "Sou forte, nada me assusta! Faço o que quero. Se for preso, tanto faz, pois vou viver na boa vida, tendo onde morar, comer e beber, sem ter que trabalhar. E quando morrer, nada mais vai acontecer, vou virar pó e tudo se acaba. Portanto, que se dane tudo". Ao comentar seus crimes com outros malfeitores, bate no peito, orgulhoso: "A mim ninguém pega, sei planejar tudo direitinho; meus crimes são perfeitos. Não cometo erros, de forma alguma". Mas, um dia, por mais esperto que seja, acaba cometendo um erro fatal. Quando vê seu corpo estirado ao chão, perfurado por balas da polícia ou de outro igual a ele, não acredita que chegou sua hora, tão procurada por ele mesmo. Não entende que as coisas não eram como ele sempre acreditou. Daí em diante, por muito tempo continua, por meio de pessoas que, por não conhecer a Doutrina Espírita, dão-lhe abertura, a cometer crimes e mais crimes, achando que agora ele pode tudo, pois ninguém o pode impedir, até que chega o momento em que tudo começa a mudar para pior, pois começa a sentir e ver os locais terríveis onde vive. Passa a sentir o odor da podridão, onde, até então, empolgado pela facilidade de obter tudo o que quer, não havia percebido. Nessa hora, apavorado, não vê alternativa a não ser pedir ajuda, o que ocorre imediatamente. É levado para um hospital e, após ser socorrido, vai para o lugar que lhe é destinado pelo plano maior, conforme a dimensão das faltas cometidas por ele, pois nenhum crime fica impune perante o juiz celestial. Então, temos de aprender que o crime não compensa nunca.Mas, voltando ao assunto, o irmão perguntou qual o motivo de grande mudança. É que, após várias reencarnações cometendo ainda muitos erros, não tão graves, como os que me fizeram viver aqui, por tanto tempo, em grande sofrimento, conheci a doutrina espiritual. Comecei a compreender que não foi para cometer erros que Deus me criou, então, fui melhorando, esforçando-me mais e mais. Mas, o que me fez começar a mudar, foi minha situação quando aqui estive. Lembra-se das bocas que devoravam minhas carnes? Pois bem, passei tanto tempo com elas, que me habituei. Na verdade, comecei a gostar delas. Certo dia, sem que percebesse, comecei a tirar pedaços das minhas carnes e alimentar as mais esfomeadas. No início, sentia fortes dores, mas elas foram diminuindo, até que cessaram de vez. Então, as bocas começaram a tomar formas. Após algum tempo, transformaram-se em criancinhas, e meu amontoado de carnes podres se transformou num corpo de mulher. Dos meus seios começou a sair leite, muito leite, com o qual passei a alimentá-las. Certo dia, quando amamentava dois deles, um em cada seio, não sei como aconteceu, vi-me junto com todos ao meu redor, em um local maravilhoso. Estávamos irreconhecíveis. Aquele lugar cheio de horror desapareceu, como por encanto. Após algum tempo fui designada a reencarnar como mulher. Durante o meu tempo na Terra, tive muitos filhos, que criei e eduquei com imenso amor. Tornei-me excelente parteira. Onde uma criança estava prestes a nascer, de família necessitada, lá estava eu, com chuva ou com sol, dia ou noite, sem nunca cobrar nem receber nada em troca. Graças a Deus, aprendi, depois de muito sofrimento, a seguir o caminho para o qual fui designada, enquanto vivesse na Terra. Não digo que já atingi a perfeição, sei que para isso falta muito, mas tenho galgado os degraus da escada cada vez com maior facilidade. Em cada nova oportunidade que tenho com novas reencarnações, procuro dar o máximo de mim, dando amor e caridade a meus irmãos necessitados, sem esperar nada deles em troca. Assim, hoje me sinto feliz, com as graças de Deus.

Abrindo eu um grande sorriso, que me vinha do mais profundo da alma, abracei-a com lágrimas nos olhos:

— Saiba, minha querida irmã, que me trouxeste hoje uma alegria imensa. Não é sempre que alguém volta aqui somente para me fazer uma visita, principalmente nas condições em que veio. Nesses momentos é que temos consciência de que vale a pena praticar a caridade, tanto na vida espiritual como na material. Na verdade, é isso que nosso Pai quer de todos nós.

Retribuindo o meu abraço, despediu-se:

— Adeus, meu irmão! Obrigada, de todo coração, pois foi aqui, ao pé deste muro, que encontrei um verdadeiro amigo, que com grande paciência ouviu minha longa história de maldades, mostrando-me o rumo certo a seguir, fazendo-me ver que, perante Deus, tudo tem que estar no lugar certo. Que o seu amor para com seus filhos é infinito, porém, o que fazemos de mal, temos que pagar. O preço nos é cobrado conforme o tamanho do que adquirimos.

Quanto tempo vai demorar, só depende de nós mesmos. O livre-arbítrio é nosso.

Dizendo isso, foi embora, tão suave como apareceu, em seu caminho iluminado por luz azulada que clareava o mundo inteiro como o sol.

Parte 12

O Indiozinho Perverso

Caro leitor, terminei de narrar as histórias de quatro irmãos espirituais, de quando aqui chegaram, em uma de suas desencarnações, e, muito tempo depois, o retorno de dois deles, quando foi relatado a situação de cada um, atualmente.

Cada qual resgatou sua dívida perante Deus. Seus sofrimentos foram muitos, mas tão logo entenderam o que o Pai queria deles, encontraram a paz e a felicidade.

Agora, vou contar-lhes a história de JOÃO DO MATO. A minha história!

Sei que haverá momentos que sentirão desprezo por mim, mas, por favor, leiam até o fim. Só assim ficarão sabendo, como e por que vim parar em cima deste muro, em um lugar tão horrendo, em meio a tanto sofrimento e aqui permanecendo, não sei por quanto tempo.

Vou começar pelos mínimos atos que pratiquei, para não assustá-los logo de cara.

Nasci há muito tempo atrás, numa aldeia indígena. Minha mãe era uma menina de 13 anos e brincava comigo como se eu fosse um boneco e não uma criança. Meu pai era o chefe da tribo. Assim, cresci do jeito que quis. Fazia o que me dava na bola, pois era filho do chefe e ninguém se atrevia a me chamar a atenção. Era uma criança de má índole. Judiava dos animais e das outras crianças. Os velhos, então! Sinto arrepios de lembrar das barbaridades que fazia com eles, pobrezinhos.

Fui crescendo assim, aprontando muitas maldades. Sem que percebesse, tornei-me um rapaz. Daí em diante, além de tudo de mal que já sabia fazer (achava que já sabia tudo), descobri o sexo. Para outra pessoa qualquer, tal descobrimento seria, no mínimo, curioso, mas prazeroso. Para mim, digo que não foi prazeroso, foi mais um objeto de maldades, pois essa descoberta me tornou malicioso. Passei a vigiar todos os integrantes da tribo, velhos, crianças, até os animais. Um dia, vi um casal de cães praticando o coito; a cadelinha gritava, tentando se soltar. Quando, finalmente, o cão a soltou, comecei a indagar a mim mesmo: "Por que ela gritou tanto de dor"?

Comecei a sentir vontade de fazer aquilo também, e assim deu-se início à minha vida sexual.

Passei a praticar com animais, não importava qual, tivesse eu chance de pegar um. Muitos morreram em minhas mãos, tal era minha tara, até que, não me contentando mais com eles, passei a cobiçar as meninas da tribo. Certo dia, brincando com uma de mais ou menos 12 anos, escolhida como minha primeira vítima, agarrei-a, tapando sua boca para que não gritasse, e arrastei-a o mais longe que pude para que ninguém nos encontrasse. Violentei-a, agindo como um verdadeiro animal selvagem. Ela perdeu os sentidos. Permaneci ali, usando e abusando daquele pequeno corpo, que desabrochava para a vida, nos seus poucos anos de existência. Depois de horas, exausto, resolvi parar para descansar. Após alguns minutos ela começou a voltar a si. Mal abriu a boca para gritar, joguei meu pesado corpo sobre o dela, tapando sua boca, e ameacei, entre dentes:

— Não grita, senão mato você. Não conte nada a ninguém, ouviu? Se contar, vai ver o que faço com você! Vou arrancar seus olhos, e como sabe, meu pai é o chefe da tribo.

Se contar para alguém, peço para o meu pai matar seu pai e sua mãe, entendeu?

Tremendo muito, apavorada, acenou com a cabeça que sim. Ao largá-la, ouvi barulho de pessoas que a chamavam. Olhei para ela, ameaçador, e saí correndo, indo me juntar aos outros que a procuravam, fazendo com que fossem ao contrário do lugar onde a menina estava. Procuramos a noite toda. Ao amanhecer, estávamos no meio da mata, bem distante do lugar onde cometi o estupro. Dirigi-me ao pai dela:

— Vou descansar um pouco, depois volto para ajudar na procura. Vou torcer para que encontrem a menina.

Fui até onde ela estava, encontrei-a adormecida. Sacudi-a com força, dizendo com raiva:

— Vou levar você de volta e já sabe o que acontece se contar, não é?

Amedrontada, ela respondeu com um fio de voz.

— Mas, o que vou dizer? Estou toda machucada. Meu pai e minha mãe vão querer saber o que aconteceu!

— Você fala que um animal atacou você enquanto brincava no mato. Diz que era um animal grande e forte, que ele só não a comeu porque apareceu outro, e eles começaram a lutar, e você aproveitou e subiu numa árvore. Que eles demoraram muito tempo brigando. Você se ajeitou num galho e acabou dormindo; como estava muito ferida, não teve forças para descer e, quando eu passava, me viu lá de cima e chamou. Com muito esforço, tirei você de lá. Entendeu?

Ela fez que sim com a cabeça. Carreguei-a nos braços até a aldeia, onde todos me agradeceram, dando uma grande festa por termos achado a menina.

Desse dia em diante, toda vez que tinha vontade de fazer sexo, eu a procurava, e ela, morta de medo, me seguia, como um bichinho assustado.

Após algum tempo, começou a me seguir com certa boa vontade. Já não chorava mais, o que me fez perder o interesse por ela. Então, passei a espreitar outra menina, e fiz com ela tudo o que fizera com a primeira. Assim foi durante algum tempo. Acabei violentando quase todas as meninas da tribo. Com o passar dos meses, algumas começaram a engordar. Suas barrigas cresciam. As famílias, desesperadas, vinham reclamar com meu pai, que já desconfiado da minha conduta, maltratava-os:

— Vocês são os culpados do que acontece com suas filhas. Não cuidam delas direito e agora eu é que tenho de dar jeito? Sinto muito, mas nada posso fazer.

Por conta dos acontecimentos, confesso que fiquei apavorado, pois se os índios descobrissem que era eu o culpado, com certeza linchariam a mim e a meus pais. Com minha inteligência incomum, resolvi o problema, dizendo para minha família que tinha de mostrar para a tribo que já era um bravo guerreiro, por esse motivo, queria sua permissão para sair sozinho para caçar sem data certa para retornar:

— Está certo, filho! Um dia partirei para a terra dos Espíritos, e você, que é meu único filho, terá de estar preparado para tomar meu lugar nesta tribo, pois é assim que acontece há várias gerações. Vou mandar preparar tudo o que vai precisar e, quando quiser, pode partir, com minha bênção.

Assim, coloquei meu plano em ação, mas, com medo que uma das meninas que estuprei e engravidei contasse para alguém o que fiz, o que com certeza faria minha cabeça rolar. Comecei a observar os menininhos da tribo, pois eu estava bem à vontade para arquitetar meus planos. Todos acreditavam que eu estava bem longe dali, caçando, para mostrar à tribo o grande homem que me tornara.

Raciocinando, cheguei à conclusão de que era a melhor coisa a fazer, pois eu não poderia ficar nem um dia sem praticar aquela coisa que tinha descoberto e que fazia parte do meu corpo, dominando-me por completo, tirando todo e qualquer complexo de culpa. Para mim, tudo era normal, pois sempre vi os animais cobrirem as fêmeas sem pedir permissão. Até meu pai fazia isso sem consultar minha mãe! Muitas vezes a escutei implorando: "Não, não tenho vontade". E ele respondia: "Não perguntei se está com vontade ou não, eu quero e pronto". E ela tinha que aceitar. Então? Por que eu deveria pedir permissão? Eu queria e pronto.

Mas, como estava dizendo, ao observar os meninos, os bem novinhos, escolhi um que parecia um anjo. Devia ter uns quatro anos, moreninho, queimado pelo sol. Assoviei baixinho, num som que ele pudesse ouvir. Ele levantou a cabeça, assoviei de novo. Curioso, levantou-se do chão carregando um pedaço de pau, com o qual brincava. Assim que entrou no mato, fui me afastando e assoviando, como a serpente traiçoeira que atrai sua vítima. Percebendo que estava longe da aldeia, apareci na frente dele brincando de esconder. Assim ficamos até eu ganhar sua confiança. De repente, com a tara de um louco, comecei a apertá-lo. Assustado, começou a gritar. Dei-lhe um tapa na cabeça, com tanta força, que perdeu os sentidos. Comecei a seviciá-lo, como louco. Minha tara era de verdadeiro animal, sem um pingo de qualquer sentimento de piedade. Quando finalmente parei, percebi que estava morto. Cocei a cabeça, pensativo: "E agora, o que faço? Dessa vez fui longe demais. Pensei que com meninos fosse mais fácil porque não embarrigam, só que exagerei. Mas o que está feito não tem mais jeito".

Deitei-me no chão, de costas para ele, e dormi até o dia seguinte. Quando acordei, juntei minhas coisas e saí correndo para bem longe dali, como se não tivesse feito nada de anormal.

Andei o dia todo, quase correndo, sem parar. Ao anoitecer, escolhi um local que estivesse livre dos animais, acomodei-me e dormi como um anjo.

Acordei de manhã novamente com muita fome, tanto de comida como de sexo. Minha tara sexual não tinha limites nem fronteiras. Procurando como saciar uma e outra, vi num buraco um coelho que ainda dormia. Aproveitando seu sono, pulei sobre ele, que acordou assustado, mas não teve como escapar. Depois de satisfazer no coelhinho, por muito tempo, meu instinto sexual, acabei de matá-lo, pois já estava quase morto de tanto que judiei dele, assei-o e comi.

Daí em diante, passei a viver no mato. Não retornei mais à minha aldeia. O tempo passou rápido, tornei-me homem feito. Nunca mais tive notícias dos meus pais. Pouco me importava saber deles, nunca tive sentimento de afeição por ninguém, nem por eles.

Numa de minhas longas caminhadas, acabei encontrando uma aldeia. Fui sondando o ambiente. Sem ser visto, aproximei-me de um grupo de índios que conversavam e ouvi um deles dizer:

— Ontem, quando fui caçar, encontrei um homem da tribo Canaoê. Ele disse que corre a notícia, por todas as tribos, que o chefe Ubirana morreu faz três luas. Agora, tão procurando o filho dele que se embrenhou no mato faz muito tempo e não deu mais notícia. Disse que vão procurar por mais uma ou duas luas e, se não encontrar, vão pôr outro no lugar. Eles acham que ele já morreu também e a tribo não pode ficar sem um chefe por mais tempo.

Prestei muita atenção na conversa. Não disseram nada com referência aos crimes que pratiquei durante a época em que vivi na aldeia. Portanto, poderia voltar sem me preocupar. Com certeza as meninas nada contaram. Além do mais, já se passara tanto tempo, que todas já deveriam estar casadas com homens da nossa tribo, e com filhos nos braços. Não iam querer nem tocar no assunto. Achei que podia voltar e assumir o lugar que me foi deixado por meu pai.

Esqueci o objetivo que me levou até ali, que não era outro senão o de raptar alguém para satisfazer minha tara, e saí, rapidamente, rumo à aldeia, pois tinha que chegar antes das duas luas. Como estava muito longe, tive que correr muito, só parando quando encontrava algum animal pelo caminho, pois havia duas coisas as quais não conseguia abdicar: alimento e sexo. Como o que quer que fosse que caísse em minhas mãos servia para saciar ambos, cheguei à aldeia ao amanhecer da segunda lua. Fui direto para a choupana dos meus pais. Lá, encontrei minha mãe, que estava tão acabada e abatida, que parecia uma velhinha de cem anos. Ao me ver, abriu um sorriso que iluminou seu enrugado e pálido rosto, mas não disse uma só palavra. Abriu os braços em minha direção. Não resistindo ao seu olhar suplicante (foi o único momento na minha vida em que senti piedade por alguém), atirei-me em seus braços:

— Mãe, querida!

Os braços que apertavam até com alguma força, foram se afrouxando devagar, até ficarem inertes. Permaneci ali, em seus braços, adormecendo, cansado pela longa caminhada.

De repente, acordei, ouvindo vozes do lado de fora. Prestei atenção no que diziam.

—Vamos acordar a vovó, temos que avisar que o tempo se esgota hoje, e por isso, vamos anunciar o novo chefe que ela escolher.

Ao entrarem e se depararem com a cena (eu ainda me encontrava envolto por seus braços), ajoelharam-se, erguendo as mãos para cima, em sinal de louvor ao Grande Espírito. Levantei-me, e só nesse momento me dei conta de que minha mãe havia partido desta vida. Saudei a todos. Eles seguraram-me pela mão, levando-me para fora, gritando com euforia.

— A vovó já escolheu o novo chefe! Ele está aqui!

Fui carregado pelos índios, que cantaram e dançaram, varando o dia. Enquanto isso, mulheres preparavam minha mãe para os funerais. Antes de cair a noite, foi levada para o local da incineração, onde após o ritual costumeiro, acenderam o fogo que, segundo a tradição, a purificaria, para que seu Espírito vivesse em paz junto ao Grande Pai.

Voltando para a aldeia, começaram as festividades para minha posse. Fui coroado o novo chefe, ocupando o lugar do meu pai, com todas as suas regalias e obrigações.

Das regalias, eu tinha certeza que usufruiria todas, mas, das obrigações, não estava certo de que as cumpriria como meu pai.

Eu estava exausto pela caminhada que fiz para chegar a tempo. De alimento, já estava satisfeito, pois foi servida muita comida e bebida, preparadas pelas mulheres da tribo, porém, o meu apetite sexual estava latente dentro de mim. Enquanto comia, observava as mulheres, meninos e meninas, já planejando como faria para atrair qualquer um o mais rápido possível, quando veio em minha direção um índio, que pela aparência, seria o mais velho da tribo. Bateu com a mão em meu ombro:

— A partir de agora, você é nosso chefe. Terá direito a tudo o que quiser, conforme as leis que regem esta tribo há muitas luas. Seja o que for que pedir será atendido prontamente. Esta noite, como é sua coroação, terá direito a levar para passar a noite com você a mulher que quiser, como é de costume.

Conhecedor da lei, pois quando saí da aldeia já era quase um homem, não vi nada de estranho. Enquanto ele falava dos meus direitos, mulheres solteiras formaram fila atrás do velho, que as apontou, dizendo:

— Aqui estão as mais belas mulheres da tribo. Escolha a que mais o agradar. Ela passará a noite com você, na sua esteira. Amanhã, quando o sol estiver nascendo, você nos dirá se ela servirá para ser sua mulher, pois como chefe da tribo, terá que ter sua esposa. Mas, se ela não for do seu agrado, nunca mais se aproximará dela, pois se o fizer, será morto. O pai dela o executará.

Eu não estava muito interessado em aceitar a proposta, pois a conquista fácil não me atraía, mas, quando ouvi a sentença, meu instinto animal ficou aguçado. Passando os olhos nas moças, não vi nenhuma que me interessasse. Estava para dizer que preferia ficar só, por estar muito cansado devido à longa viagem, quando surgiu timidamente, uma garotinha linda e graciosa, que sorria para mim. Aquele sorriso me tirou os sentidos, mas me contive. Os meus planos com ela eram bem diferentes do que levá-la, oferecida de bandeja. Não sabia quem era, nem me interessava saber. O que eu via na minha frente era uma mocinha com corpo escultural, que despertou meus instintos bestiais.

Para sair logo dali, escolhi uma que tinha um bonito corpo e me despedi, segurando-a pela mão, levando-a para dentro e jogando-a, sem nenhuma delicadeza, na esteira de onde há poucas horas saíra o corpo de minha mãe sem vida.

Usei e abusei dela o quanto pude, sem fazer nada do que minha tara exigia. Tinha que tomar cuidado, pois minha fama de estuprador não devia ser conhecida por ninguém, a não ser pelas minhas vítimas, as quais eu tinha plena certeza que, pelo pavor, jamais contariam nada a ninguém.

Após saciar, "não todos" os meus desejos, virei-me para o lado, crente que dormiria até de manhã, mas não consegui dormir nem por um segundo. A imagem da menina não saía da minha cabeça. Foi uma noite infernal, parecia que não acabaria nunca. Para amenizar um pouco a minha tara, voltava para a mulher, que implorava que a deixasse descansar. Ela não fazia a mínima ideia, mas suas súplicas me aguçavam, ajudando-me a passar a noite. Quanto mais minhas vítimas imploravam piedade, mais eu me excitava. Quando o dia começou a amanhecer, os conselheiros e o pai da moça adentraram a choupana perguntando.

— Então, o que tem para nos dizer? A moça serve para sua esposa?

Atordoado pelo sono, respondi sem pensar:

— Sim, serve

Todos me cumprimentaram e festejaram o acontecido. Após algum tempo, consegui sair sem ser visto. Adentrei a mata, indo para longe dali. Dormi o dia todo sem que ninguém me perturbasse. Acordei à tarde, bem disposto e com uma fome de leão. Levantei-me e fui para a aldeia, onde encontrei farta comida, pois os índios ainda festejavam minha posse.

Depois de me alimentar muito bem, resolvi dar uma caminhada pelo mato, pois vivi tanto tempo no meio dele, que me acostumei. Sem perceber, fui parar no lugar onde violentei e matei o menino há muito tempo atrás. Ao invés de sentir remorso ou piedade, senti uma forte excitação, tão forte, que comecei a planejar como faria para atrair aquela linda menina até ali. Teria que ser bem depressa, pois minha tara não me permitia demora.

Voltei disposto a pôr meu plano em ação, mas, ao chegar, encontrei a aldeia ainda em festa, esperando-me para uma grande homenagem. Tive que me conter e esperar pelo momento certo. Após mais um dia e uma noite inteira de danças e cantigas, das quais fui obrigado a participar, fui dormir. No dia seguinte amanheci muito excitado. Sonhei com a menina e em sonho fiz com ela tudo o que já tinha planejado que faria quando a tivesse em minhas mãos.

Não pensei nem em procurar comida, fui logo à sua procura disposto a encontrá-la. Até parece que ela ouviu meu chamado, pois apareceu atrás de mim, como uma sombra. Senti um toque de leve no meu braço, voltei-me, e lá estava ela, sorrindo, com um olhar que parecia a luz do sol. Confesso que por um instante tive um mínimo pensamento do sacrilégio que eu ia fazer, mas foi só por um segundo. Segurei sua mão, demonstrando falso carinho. Ela sorria ainda mais, aumentando assim minha excitação. Olhei-a nos olhos e disse:

— Sabe que tem um lindo sorriso? Que é muito bonita? Eu a acho a mais bonita da aldeia.

Não se contendo, em sua inocência, abraçou-me apertado, dizendo com sua meiga voz que mais parecia um cântico do céu.

— Também acho você muito bonito. O mais bonito da aldeia!

Minha vontade era agarrá-la, mas sabia que tinha que de conter. Segurando sua mão, comecei a caminhar em direção ao mato. De repente, ouvi gritos. Voltei-me e vi uma mulher gritando e gesticulando feito uma louca.

— Inaí, Inaí, venha aqui! Não vá! Corra! Venha depressa!

De má vontade, a menina foi para junto da mulher. Fiquei desesperado, pois já não estava aguentando segurar minha excitação. Não tendo outro jeito no momento, adentrei no mato. Após algum tempo, tive que voltar, porque os índios me chamavam para eu resolver problemas que eram da minha alçada. Quando, finalmente, me livrei deles, fui para dentro do mato e comecei a planejar como faria para pegar a menina. Por mais que tentasse, não consegui mais me aproximar dela, pois a mãe estava sempre por perto, e assim que me via, agarrava a menina pela mão, levando-a embora.

Passaram-se vários dias, sem que eu conseguisse meu intento, e tendo que me satisfazer com animais, estava quase louco, não pensava em mais nada. Queria aquela menina de qualquer maneira, quanto mais difícil ficava, mais eu a queria. Já tinha tentado de tudo e estava perdendo a esperança.

Certo dia, estando eu dentro do mato, pensando e repensando no que fazer para consegui-la, ouvi um barulho atrás de mim. Voltei-me, achando que seria um animal, e quase perdi o sentido. A menina dos meus sonhos, ou melhor, da minha tara, estava ali, na minha frente, linda e sorridente.

Meu primeiro impulso foi atirar-me sobre ela e dar vazão a todo meu desejo, mas me contive, pensando: "Não! Quero aproveitar o máximo. Tenho que fazer valer a pena a longa espera por que passei. A primeira coisa a fazer é levá-la para bem longe daqui. Aquela mulher já deve estar procurando-a por aí, e não a encontrando, vai entrar no mato e, com certeza, não virá sozinha". Eu me curvei e disse para a menininha: "Sobe nas minhas costas, vamos brincar de cavalo. Eu sou o seu cavalo. Gosta de andar a cavalo, não gosta?". Num pulo, ela estava ajeitando-se em cima de mim. Saí correndo dali como se fosse um verdadeiro cavalo de corrida. Ela, amedrontada, agarrou-se ao meu pescoço, quase me sufocando. Não dizia nada. Corri muito. Tinha que levá-la para bem longe da aldeia, pois, com certeza, ali ela não voltaria mais.

Chegou um momento em que não aguentei mais. Parei de correr, coloquei-a no chão, já meio cego de excitação. Agarrei-a com a fúria de um leão esfomeado. Ela, apavorada, tremendo de medo, não esboçou nem um gesto. Seus lindos olhos estavam esbugalhados. Com essa cena me transformei em uma verdadeira fera. Ataquei-a de todas as maneiras que se possa imaginar. Após muito tempo de intensa loucura, percebi que estava morta. Não satisfeito, pois minha tara não se satisfazia nunca, continuei ainda por algum tempo. De repente, lembrei-me que era o chefe da aldeia e poderiam precisar de mim. Tinha que estar presente, para não levantar suspeitas.

Ao retornar, encontrei a aldeia em polvorosa. Não percebi o longo tempo que estive com a menina. A mãe, junto com outras pessoas, estava desesperada, à sua procura. Ao me ver, chegou bem perto e disse, baixinho, trincando os dentes:

— Onde está minha filha, seu desgraçado? Diga! Onde está? Você fez com ela o mesmo que fez comigo, quando eu era apenas uma menina? Diga maldito, digaaa!!!

Mostrando no olhar o quanto estava zangado, eu respondi, para amedrontá-la:

— Não fale assim comigo, sua abusada! Esqueceu que sou o chefe desta tribo? Se falar comigo dessa maneira de novo, mando matá-la, entendeu?

Com os olhos faiscando, ela respondeu:

— Não sou mais aquela pobre criança que caiu em suas mãos imundas e assassinas, seu monstro desgraçado! Não tenho mais medo de você, e saiba que vou dizer a todos aquilo que nunca tivemos coragem de dizer. Eu e as outras meninas que você desgraçou. E fique sabendo, cão imundo, que sei que foi você quem matou, depois de torturar, aquele menino, logo depois que saiu daqui fingindo que era para se tornar um grande caçador. Você foi viver no mato para poder cometer seus crimes hediondos à vontade, sem causar suspeita.

Agarrei-a pelo braço, furioso:

— Cala essa boca! Você vai morrer agora mesmo! E pelas minhas próprias mãos!

Coloquei minhas enormes mãos em volta do seu pescoço, apertando, disposto a fazê-la parar de falar. Os índios se aproximavam, mas ninguém ousava dizer ou fazer nada, até que um deles, que nunca gostou de mim, pois ele seria o indicado pela minha mãe para tomar o lugar do meu pai, se eu não chegasse a tempo, agarrou meu braço com tanta força que tive que largá-la.

Nisso, o velho índio, conselheiro da tribo, apareceu:

— Que está acontecendo aqui?

Tossindo muito por estar engasgada, ela respondeu:

— Eu estava exigindo do chefe que me dissesse onde está minha filha, pois tenho certeza que ele sabe o que foi feito dela.

Retruquei, tentando remediar:

— Como posso eu saber onde está a filha dela? Porque sou o chefe, tenho que tomar conta de todo mundo?

O conselheiro tentou acalmá-la:

— Ele tem razão, como pode ele saber da sua filha?

Parece que ela se esqueceu do terror que passou em minhas mãos e das ameaças que lhe fiz, quando criança, e continuou, aos gritos. A essa altura, toda a tribo estava ao nosso redor, empunhando suas lanças. Sentindo-se em segurança, gritou:

— Ele sabe, tenho certeza! Ele a levou para dentro do mato e estuprou-a, como fez comigo quando eu era ainda uma menina! Depois me ameaçou de morte se contasse para alguém o que tinha acontecido. Faça ele falar, conselheiro! Por favor, ele sabe onde ela está, tenho certeza que sabe.

Tentei sair dali, dizendo que ela estava louca, mas o índio que a salvou agarrou meu braço com força:

— Nada disso! Você não vai a lugar algum antes que verifiquemos o que ela está dizendo.

Tentei me soltar, pois minha intenção era escapar e nunca mais voltar, mas ele me segurou com tanta força, que não consegui. Urrando de raiva, ordenei:

— Me larga, seu cachorro! Esqueceu que aqui quem manda sou eu? Eu sou o chefe da tribo e todos me devem obediência?

O conselheiro interveio, autoritário:

— Devemos obediência ao chefe, sem dúvida, mas quando a conduta dele é posta em questão, temos que averiguar, e até que isso aconteça, quem manda sou eu, que sou o conselheiro mais velho. Homens, amarrem e prendam-no no tronco da árvore. Dez de vocês fiquem aqui montando guarda, os outros vão junto com a mãe; vasculhem tudo, palmo a palmo, até encontrarem a menina.

Tendo consciência que estava perdido, tentei me livrar lutando com todas as minhas forças. Gritei dando ordens, ainda achando que tinha algum poder:

— Me larguem, não podem fazer isso comigo. Vão averiguar, se descobrirem algo que me condene, aí sim poderão fazer o que quiserem. Podem me soltar, prometo que não vou fazer nada.

O conselheiro, colocando a mão em meu ombro, respondeu:

— Desculpe, mas não podemos correr o risco. Você foi embora daqui por esse mato adentro e ninguém teve mais notícia sua durante muitas luas. Nem seu pai e sua mãe souberam de você. Quando criança, você era muito perverso, ninguém podia fazer nada contra você por causa do seu pai, que era o chefe, mas agora, temos de ter cautela. Acredito que a mãe da menina não faria uma acusação tão grave contra você se não soubesse de algo muito sério. Portanto, vai ficar preso até que achemos a criança.

Atado à árvore que era usada sempre que alguém dava motivo sério para ser preso, pela primeira vez em minha vida, comecei a sentir medo. Estava ciente do que tinha feito. Sabia que encontrariam a menina violentada até a morte. Pelo que a mãe disse, ela sabia muito bem como eu agia nestes casos. Portanto, eu não escaparia vivo dessa.

O tempo custou a passar. O nosso dia era marcado pelo movimento do sol. Desde que adentraram o mato, o sol tinha feito um longo caminho. Portanto, logo estariam de volta. Eu só tinha que esperar para morrer.

Estava absorto em meus pensamentos, quando ouvi uma gritaria. Eram os homens que chegavam com a menina nos braços. Ao vê-la, acabou para mim qualquer esperança de defesa, pois ao passarem com ela nos braços e próximo a mim, ela abriu os olhos e, ao me ver, gritou, encolhendo-se junto ao corpo do índio que a carregava.

O conselheiro ficou cara a cara comigo, fulminando-me com seu olhar cheio de rancor:

— A mãe não estava enganada! Você é um monstro, assassino da pior espécie. Primeiro vamos cuidar da pobre menina que você desgraçou. Depois que ela estiver fora de perigo, cuidaremos de você, para que não faça mal a mais ninguém.

Foram-se todos os homens que me guardavam, e os que começaram a chegar, ameaçavam-me:

— Estou louco para assistir o julgamento desse monstro. Assim que for condenado, quero ser o primeiro a enfiar minha lança no seu estômago.

Outro comentou:

— Eu também! Não vamos matar ele logo não, vamos fazer ele sofrer, pelo menos em parte, o que ele fez essa criança e muitas outras sofrerem. A morte dele tem que ser lenta, senão ele não paga pelos seus crimes. Quer saber? Por mim começo agora, não tenho nenhuma dúvida que ele é culpado.

— Levantou-se de onde estava sentado e veio em minha direção, empunhando sua lança. O índio que me detestava deu um salto, segurando a lança que estava a dois dedos do meu estômago.

— Não, não faça isso! Eu serei o chefe desta tribo, assim que ele for condenado, e não quero o sangue dessa fera manchando nossas terras, que sempre foram abençoadas pelo Grande Espírito. Ele será executado conforme as leis da tribo.

O sol estava quase se pondo quando os membros do conselho apareceram acompanhados da mãe da menina. O velho conselheiro disse aos demais:

— O curandeiro deu esperanças. Graças ao Grande Espírito, a menina vai ficar boa. Quanto ao criminoso, estamos aqui para fazermos o julgamento dos seus crimes.

A mãe da menina colocou-se à frente, apontando para mim, gritando:

— Seus crimes, sim! Ele não violentou só a minha filha! O desgraçado fez o mesmo comigo quando eu era ainda uma menina!

O curandeiro segurou sua mão:

— Você tem certeza que foi ele mesmo? Quando ele saiu para caçar, ainda era apenas um rapaz!

Ela respondeu, gritando ainda mais:

— Sim! Tenho certeza! Ele não era tão criança assim! Tinha força suficiente para me violentar com muita crueldade. Eu estava brincando com meu cachorrinho, ele apareceu de repente, tapando minha boca para eu não gritar. Fui arrastada para o mato. Depois de fazer todo tipo de violência comigo, ele me deixou estirada no chão, ensanguentada e quase morta. Apertando meu pescoço, quase me sufocando, e com os olhos vermelhos igual a um monstro, ele me ameaçou: "Eu podia matar você agora mesmo, mas não quero, pois vou gostar muito de ver sua cara apavorada, quando se encontrar comigo, na aldeia. Se contar para alguém o que aconteceu, eu mato você. E também mando meu pai, que é o chefe, matar toda sua família, entendeu? Não se esqueça, meu pai é o chefe! Por isso, ninguém vai fazer nada comigo". E foi embora cantarolando. Fiquei ali deitada por muito tempo, pois não tinha forças para me levantar e caminhar. Quando me encontraram, "todos devem se lembrar", eu estava muito ferida, com mordidas em todo meu corpo. Esse monstro arrancou pedaços da minha carne. Apavorada, eu disse a vocês que tinha sido atacada por um animal, lembram-se?

Todos se lembraram do acontecido. O velho índio, tentando acalmar a todos, pois partiram para cima de mim decididos a me lincharem, gritou:

— Parem! Nossa tribo sempre viveu em paz, como irmãos, por isso o Grande Pai sempre nos abençoou. A única desgraça desta tribo foi causada por este ser monstruoso. Sendo assim, o conselho decidiu que ele não merece viver...

Nesse momento, uma mulher juntou-se à mãe da menina, gritando e apontando para mim:

— É isso mesmo! Ele tem que morrer. Esse desgraçado fez o mesmo comigo quando ainda era uma menina!

Outras mulheres juntaram-se a elas:

— Eu também sofri horrores nas mãos dele, quando criança.

Uma delas tentou me agredir:

— Maldito! Agora sei o que aconteceu com meu menino, quando o encontramos morto, todo ensanguentado. Achamos que uma fera tinha atacado ele, arrancando pedaços do seu corpinho! Foi você, maldito? Responda desgraçado, foi você?

Eu estava atordoado. Não sabia se o que sentia era medo ou sei lá o quê. Não sei como aconteceu, mas, de repente, respondi com toda calma do mundo:

— Fui eu sim, e daí? E sabe o que mais? Eu estava com muita fome, como não tinha nem um animal por perto e ele já estava morto mesmo, então o cortei, assei e comi.

Aí foi o caos. Vieram todos em minha direção dispostos a acabar comigo ali mesmo, porém, os conselheiros vieram em meu socorro:

— Parem! Parem todos! O sol já se pôs, e como sabem, não executamos os criminosos na sombra da noite. Ele tem que morrer com a luz do sol. Assim, ele enxerga o caminho do vale escuro para onde vai o Espírito ruim.

Todos recuaram. Só a mãe da menina ficou me olhando como uma fera ferida e gritando bem alto:

— Saiba, seu monstro assassino, que a menina que você atacou e violentou, tão cruelmente, que nasceu de mim, É SUA FILHA, DESGRAÇADO! Ouviu bem, maldito? SUA FILHA! Aquela que você colocou no meu ventre quando me desgraçou!

Eu, que sempre fui um homem forte, sem coração nem emoção, sem nunca saber o que é ter piedade de alguém, senti como se tivesse levado uma forte pancada. Meu peito parecia querer explodir. Baixei a cabeça, para que ninguém visse uma lágrima correndo dos meus olhos, a primeira e única lágrima que derramei em toda minha vida até aquele momento. Revi toda a cena do que fiz com a menina. Sacudia a cabeça, como louco, na tentativa de apagar as lembranças do horrendo crime que cometi com minha própria filha. Tive consciência, nesse momento, que o Grande Espírito me castigava duramente. Queria gritar, pedir perdão, mas não conseguia; minha voz não saía, minha garganta estava seca. De repente, não vi nem ouvi mais nada. Parece que tudo parou, que nada mais existia. Somente minha consciência gritava dentro da minha cabeça. "Monstro! Monstro!". Estava assim, em torpor, quando senti que alguém segurava meu corpo. Ouvi vozes que pareciam vir de muito longe:

— Solte a corda. Tomem cuidado, pois o desgraçado tem parte com o Espírito do mal. Não é difícil que ele venha tentar libertar o monstro.

Outro respondeu, com desdém:

— Não se preocupe, pois nem o Espírito do mal o salvará da fogueira. Vamos levá-lo, pois já está morto, este não fará mais mal a ninguém.

Eu queria gritar: "Nãaaaao! Eu não estou morto! Esperem! Matem-me antes de me jogar na fogueira! Piedade! Piedadeeeeeeee!" Contudo, por mais esforço que fizesse, não conseguia fazer nenhum movimento nem emitir nenhum som. Eles me arrastaram até a fogueira crematória, certos de que eu estava morto. Segurando-me pelos pés e mãos, jogaram-me lá dentro. Não suportando a dor que me causavam as chamas, soltei um grito estarrecedor e ouvi quando gritavam a uma só voz:

— Vai para junto dos Espíritos das sombras, pois lá é seu lugar, Espírito do mau!

Senti-me rodando sem parar. As chamas me queimavam mais e mais. Depois de longo tempo, meu corpo caiu em um lugar que, a princípio, parecia ser solo firme, mas ao tentar ficar em pé, senti que pisava em brasas, meus pés ardiam. Eu gritava sem parar: "Parem! Estou arrependido de todo mal que cometi. Farei qualquer coisa para pagar os meus erros! Castiguem-me, mas me tirem daqui". Os que me ouviam davam gargalhadas, com suas enormes bocas escancaradas, cuspindo chamas de fogo. Quanto mais eu gritava, mais eles riam, até que um deles (nunca vi o demônio, mas acho que é exatamente igual a ele) prostrou-se à minha frente e começou a me torturar, gargalhando sempre. Após algum tempo, que me pareceu uma eternidade, cedeu seu lugar a quatro monstros iguais a ele. Naquele momento, confesso que senti mil vezes as dores que minhas vítimas, humanas e animais, sentiram quando eu as violentei. Eu gritava com todas as minhas forças:

— Me soltem, desgraçados! Me soltem se têm coragem! Vamos lutar de homem para homem, seus covardes! É assim que vocês lutam?

Um deles gritou, gargalhando como louco:

— Não era assim que violentava suas vítimas indefesas? Por acaso, alguma vez lhes deu o direito de gritarem e se defenderem? E os animais que violentava? Não era covardemente que o fazia? Por que chora agora? Deste modo, não sente excitação? E a sua tara, onde foi parar? Não, covarde! Esperamos por muito tempo para agora deixá-lo tão depressa!

De fato, não me soltaram. Quando um, após muito tempo me torturando, me largava, outro continuava sua obra macabra. Assim, como eu fazia com minhas vítimas, eles pareciam nunca estar saciados! O tempo foi passando. Não sei dizer como, ali não havia dia ou noite, era sempre igual. Existia somente horror. Os seres que ali viviam não tinham rosto nem forma alguma. O único som que emitiam eram os gritos de terror.

Depois de muito tempo de intenso sofrimento, eu já não suportava mais. Não havia nada que eu pudesse fazer. Não podia sequer tentar o suicídio, acabar com tudo, como tantos que acreditam que dando cabo à própria vida conseguem dar fim sua agonia. Pobres coitados! Se soubessem, quão inútil é esse gesto! Aí é que começa o sofrimento verdadeiro. De repente, lembrei-me do Grande Espírito, aquele que os índios diziam ser o Pai de todos nós e sempre o invocavam quando precisavam de ajuda, o qual eu nunca fizera questão de conhecer. Com enorme esforço, consegui erguer os braços e gritar com a pouca força que ainda me restava:

— Grande Pai! Oh, Grande Espírito! Vinde em meu socorro! Somente Vós, com Vossa misericórdia, pode me tirar deste sofrimento! Peço perdão, oh Grande Espírito! Sei que cometi muitos crimes, mas Vos peço uma chance de repará-los, fora deste lugar!

No mesmo instante tudo se transformou. Não senti e não vi mais nada, até que acordei, como de um longo sono, onde havia vivido terríveis pesadelos.

O local era completamente estranho para mim. Nunca imaginei que existisse lugar assim... Parecia com as choupanas da aldeia, porém muito mais bonito e limpo. Estava deitado em algo macio, de onde recebia uma brisa suave e gostosa. Diante de mim, tinha um homem, que me sorria com meiguice, sentado em um animal com quatro patas. Perguntei:

— Que lugar é este? Nunca vi nada parecido!

Ele achegou-se a mim, respondendo com doçura:

— Por acaso, você não gosta do que vê? Quer ir embora? Se quiser, é só pedir. Você volta imediatamente para o lugar de onde veio...

Não deixei que ele continuasse, pois me lembrando do lugar onde estive, implorei:

— Não, por piedade! Não me faça voltar! Você não imagina o que sofri naquele lugar. Em um, eu sofri; no outro, fiz muita gente sofrer horrores. Por favor, me responda, onde estou? Que coisas são essas, que não conheço? Nem mesmo as palavras que estou usando eu conheço! Na minha tribo, minha linguagem é muito diferente desta que falo aqui. Lá não tem essas coisas tão estranhas! Você é estranho! Nunca vi ninguém como você! A sua pele é muito diferente da nossa! Parece que não tem sangue! Todos da sua tribo são assim?

Sorrindo sempre, ele respondeu:

— Você não se lembra ainda, mas me conhece muito bem. Quando sua mente não estiver tão perturbada como está agora, vai se lembrar de mim, pois eu nunca saí de perto de você! Saiba que chorei muito quando o via praticando todos aqueles horrores com suas vítimas! Tentei fazer você ver que estava errado, mas nunca me escutou. Como tinha e terá sempre livre-arbítrio, não pude impedi-lo. Você pagou caro todo o mal que fez. É assim que acontece com aquele que não respeita as leis divinas. Embora com grande tristeza do Nosso Pai, que é nosso criador, temos que pagar duramente pelos nossos erros, pois se assim não for, continuaremos cometendo-os sempre mais. Respondendo sua pergunta, no mundo em que viveu, quando encarnado, e neste que está agora, há grande diversidade de espécies, idiomas e cores. Aqui nós podemos nos comunicar em qualquer língua. Quer ver? Eu vou falar com você no seu idioma.

De fato, ele conversou comigo na minha linguagem, tão facilmente como conversei na dele. Perguntei curioso:

— Como pode ser isso?

— Preste atenção. Você, ou melhor, seu corpo carnal, morreu há muito tempo. Contudo, você, que é Espírito, não morreu está tão vivo como quando estava na Terra, porque o Espírito não perece jamais.

— Mas, o Espírito não vai dormir eternamente? Pelo que sei só o Espírito do Grande Pai é que vive para sempre. Você disse que se vive na Terra e aqui, mas, o que é AQUI?

— Meu caro irmão, desculpe-me, ainda não me apresentei. Chamo-me Ezequiel. Fui designado, como faço há séculos, para tomar conta de você. Por isso fiquei aqui, esperando que acordasse. De vez em quando me ausentava para atender alguém que estivesse precisando de ajuda, mas, sem ficar muito tempo longe de você.

Quis retribuir o cumprimento, tentando me apresentar também, entretanto, não consegui lembrar-me do meu próprio nome:

— Vivi tanto tempo no meio do mato, sozinho, sem nunca ouvir ninguém me chamando pelo meu nome, que acabei esquecendo. Depois me vi em um lugar pavoroso, em meio a labaredas, onde só conheci sofrimento. De repente, não entendi como aconteceu, acordei neste lugar estranho, mas muito bom! Nunca pensei que existisse no mundo um lugar como este!

— Bem, temos que arranjar um nome para você. Vou batizá-lo de João do Matto. Você gosta?

— Gosto muito! Estando neste lugar, e com este nome, parece que nasci de novo.

— É, João, graças a Deus, você nasceu de novo, mais uma vez.

— Desculpe, não entendi o que disse!

— Eu disse, meu caro João do Matto, que você voltou para cá de novo. E, desta vez, conseguiu se livrar de uma boa enrascada.

— Como? Quer dizer que já estive aqui? Não me lembro! Quando foi?

— Faz bastante tempo, bastante tempo mesmo! Todos nós vamos para a Terra e voltamos para cá, após cumprirmos a missão a que fomos destinados. Todavia, alguns, como você, se esquecem dessa missão e fazem tudo errado novamente, cometem crimes hediondos, então, desencarnam antes do tempo, indo parar em lugares horríveis, como aquele onde você já esteve por várias vezes. Por bondade do Pai, quando pedem socorro, são trazidos para cá, imediatamente, recebendo todo cuidado e amor.

Lembrei-me dos crimes praticados por mim, quando encarnado. Envergonhado, de cabeça baixa, perguntei:

— Será que Ele me perdoará algum dia? Pelo que aprendi, o Grande Pai é muito severo com os que erram. Na minha aldeia, os que cometem crimes são punidos com o fogo, como eu fui. Fui jogado na fogueira ainda vivo. Os índios diziam que o Grande Espírito os fez aprender a fazer o fogo com as pedras só para queimar os criminosos.

— Não, meu querido João do Matto! Deus ou o Grande Pai, como você o chama, é misericordioso. Ele nunca coloca armas nas mãos dos seus filhos, para serem castigados com crueldade. Ele ama a todos da mesma maneira, nós é que nos deixamos levar pelas forças do mal, e aí recebemos o castigo procurado por nós mesmos. No entanto, como ele não nos abandona nunca, dá-nos um anjo guardião, que fica sempre ao nosso lado. Não importa o lugar onde estamos, o anjo está sempre perto e atento. Assim, no momento em que não suportamos mais o sofrimento que nós mesmos nos impusemos, e pedimos socorro, em nome de Deus, somos imediatamente socorridos, assim como aconteceu com você, por várias vezes.

— Várias vezes? O que quer dizer?

— Quero dizer que você já esteve aqui e em outros lugares de sofrimento por muitas vezes! Tantas que nem dá para contar.

— Como é que não me lembro?

— Quando chegar a hora, vai se lembrar de tudo, encarnação após encarnação. Então, vai fazer seu próprio julgamento: se vale a pena continuar errando ou se não é hora de compreender que nós mesmos buscamos nosso sofrimento. Há quem diz, para se desculpar dos erros cometidos na Terra, que quando lá estão, não se lembram por que voltaram. Se Deus perdoou seus pecados quando se arrependeu, por que quando desencarnou teve que ir para lugares tão feios? Ou às vezes, depois que se arrependeu, passa por muitos sofrimentos lá na Terra antes de desencarnar. Ele diz: "Puxa vida, cometi muitos erros nesta minha vida, porém, agora sou bom, caridoso, pois procuro ajudar a quem precisa, dando esmolas, às vezes até sem poder. Tiro de mim para dar aos outros! No entanto, me acontecem tantas coisas ruins". Só quando voltamos à condição de Espírito é que nos damos conta de que o que está feito não volta atrás, e o que a lei divina dá de retorno tem que ser cumprido. Para sermos perdoados, temos de carregar a nossa cruz, a qual pedimos antes de reencarnar novamente. Por isso, temos de retroceder sempre, quando a consciência nos acusa.

— Eu só queria entender por que reencarnei em um lugar como a minha tribo, se já vivi na Terra por tantas vezes, porque se é como está me dizendo, na Terra existem lugares evoluídos, onde penso que já vivi em alguma reencarnação.

— Sem dúvida, existem muitos planetas no universo, e você, com certeza, já viveu em muitos deles. Você saberá tudo quando chegar a hora permitida por Deus.

— Mas quando vai ser essa hora? Estou curioso para descobrir todos esses mistérios em que estou envolvido!

— Calma, meu irmão! Saiba que a paciência é uma grande virtude. Talvez essa hora chegue antes do que você pensa. Por enquanto, terá que se recuperar do sofrimento que passou nestes últimos tempos, e olha que não foi pouco! Você ficou na sua última morada, por muitos anos, se contados pelo tempo na terra. Agora, terá de aprender tudo de novo. Trabalhar muito, até estar consciente dos seus deveres e apto para ganhar a nova chance de reparação dos seus erros na Terra.

— Como? Vou ter que voltar a viver na Terra? Eu já não paguei pelos meus erros? Você mesmo disse que vivi por muitos anos no mais cruel dos castigos, naquele lugar horrendo, no meio do fogo e daqueles monstros horrorosos. Já não paguei todos os meus pecados?

— Ah, meu irmão, a coisa não é tão simples assim! Quando cometemos crimes, sem o mínimo de piedade por nossas vítimas, que desesperadas nos imploram misericórdia, tapamos o ouvido, fingindo não escutar, facilmente a trucidamos, satisfazendo nossos instintos e nossa fúria. Para sermos perdoados por esses crimes, temos que também sofrer o que fizemos a elas. Isso acontece porque não escutamos nosso protetor, o qual, através de nossa consciência ou intuição, está sempre nos alertando contra o mal que estamos para cometer. Fazemo-nos de surdos, ignorando seus conselhos, e continuamos cometendo todo tipo de crime, e Deus, com o coração cheio de tristeza, deixa-nos sentir na pele o que fizemos a outros. Saiba, querido João do Matto, que nunca voltamos para a terra com o propósito de trazer sofrimento a alguém. Deus nos dá a chance de voltarmos sempre perto de quem prejudicamos, seja como um parente, um amigo ou muitas vezes até como um inimigo para o qual temos a missão de fazer o maior bem que pudermos, se preciso for sacrificando até nossa própria vida em benefício da sua.

Prestei muita atenção em tudo o que ele me disse. Fechei os olhos pensando:

— Como pode ser possível? Ele disse que vivi na Terra várias vezes, e que sempre que morri, vim parar neste lugar! Não estou entendendo nada! Oh, Grande Pai, abre a minha mente, faça com que eu compreenda!

Ezequiel, adivinhando meu pensamento, disse:

— Calma! Você vai ter muito tempo para entender tudo! Agora descanse. Vou ao encontro de outros que precisam dos meus cuidados, mas, em breve, voltarei para ajudá-lo a recomeçar uma nova vida.

Aqui termino esta minha história. Muito tempo se passou desde que retornei. Muito tenho trabalhado. Passei por terríveis provações, como Espírito, ao lado de Ezequiel que nunca me desamparou. Ensinou-me tudo o que eu tinha esquecido ao reencarnar como índio e ao voltar para esta vida, a vida verdadeira, aquela que nunca se acaba, a vida espiritual.

Parte 13

Amor Assassino

Revendo o filme de todas as minhas vidas, encarnadas e desencarnadas, fiquei abismado com tudo o que vi. Dentre elas, escolhi algumas para narrar a você, leitor. Mas saiba que não as narro para me vangloriar das minhas façanhas, pois não tenho o menor orgulho de nada do que fiz em nenhuma dessas vidas. Muito pelo contrário, sinto asco de mim mesmo, e acho que não tenho nenhum direito ao perdão de Deus nem de estar aqui, onde vivo hoje, em cima deste muro. Não posso dizer que este lugar seja uma maravilha, pois aqui participo de muito sofrimento, mas também digo que é um lugar muito melhor do que mereço, depois de cometer tantos crimes horríveis; porém, Deus, na Sua infinita misericórdia, permitiu que aqui fosse minha morada até quando eu cumprir a missão que Ele me designou. Confesso que às vezes sinto vontade de pedir para sair daqui, mas tenho um compromisso assumido com as forças maiores e comigo mesmo: resgatar as maldades que pratiquei com meus semelhantes. Não vou nem contar dos sofrimentos pelos quais passei em todas as minhas voltas para a vida espiritual, mas posso garantir que foram terríveis. Nunca compreendi que era eu quem perdia por não obedecer às leis divinas, que são sempre sábias. Por isso, escolhi este lugar, no meio de tanto sofrimento, onde pedi para ficar, até que eu aprenda, de uma vez por todas, que não tenho nenhum direito de dar tanto trabalho aos mestres e ao meu mentor espiritual. Não sei se um dia terei o merecimento de sair daqui. Por isso, procuro fazer o melhor que posso para ajudar o irmão que passa por aqui, encorajando-o, ouvindo sua história e passando-lhe as lições que aprendi no plano espiritual, fazendo com que tenha esperanças de que um dia seus sofrimentos acabarão, conforme seu merecimento. Como ia dizendo, estou lhes contando algumas de minhas histórias para que saibam que um dia, inevitavelmente, arcaremos com as consequências de tudo o que fizermos em nossa vida. Seremos punidos, se fizermos por merecer, assim como, seremos abençoados quando praticarmos o bem, pois foi para isso que fomos criados.

Vou contar-lhes mais uma de minhas histórias.

Conforme traçado com o plano espiritual, após longo período de aprendizagem, tendo como professores sábios mestres, juntamente com meu querido mentor, que não me abandonou em nenhum momento, muitas vezes sofrendo com meus sofrimentos — "Esta é minha missão" – dizia-me ele, quando eu implorava para que me deixasse só com meu castigo, pois ele não merecia sofrer por minha culpa. Voltei à Terra, para um novo resgate de meus erros, certo de que não cairia mais em tentação, tamanho era meu desejo de voltar para esta vida o mais rápido possível. Prometi a mim mesmo não permitir que nada me derrubasse novamente, pois tudo o que presenciei de minhas vidas passadas não me deixou nada satisfeito, muito pelo contrário, me fez sentir vergonha de mim mesmo. Assim, com enorme vontade de aproveitar nova chance e com a permissão de Deus, reencarnei de novo no planeta Terra, em uma linda casa que ficava numa enorme fazenda, lá no sertão de Mato Grosso. Meus pais já não estavam mais na idade para terrem outro rebento, mas, como para Deus tudo é possível, lá estava eu, a raspa do tacho, como todos diziam, e o que acabou gerando, por parte de meus irmãos, o apelido de raspa, que nada tinha a ver com meu nome de batismo, Napoleão.

Meu pai me jogava para o alto, todo orgulhoso por ter gerado um filho em idade já tão avançada:

— Este é o meu campeão! – dizia, exibindo-me a todos.

Meus irmãos tratavam-me como um príncipe.

Fui crescendo assim, sentido-me o todo-poderoso. Dentro da minha família, fazia tudo o que queria. Quando fazia minhas traquinagens de criança e alguém me chamava atenção, lá vinham, em minha defesa:

— Ora! É apenas uma criancinha inocente! – alguém logo me segurava no colo, beijando-me muito. — Não é uma gracinha? Faz de novo, faz!

E eu fazia, deliciando-me com os aplausos de todos.

Ah! Se as pessoas, principalmente os pais, tivessem noção de quanto mal fazem para as crianças quando aplaudem e acham graça em algumas traquinagens, que, às vezes, são pequenas maldades, que no exagerado amor que naturalmente sentimos por esses pequeninos e inocentes seres, não os aplaudiriam. Com certeza, pelo contrário, eles os fariam compreender, de alguma maneira, que isso não se faz!

Bem, continuemos a minha história. Quando rapaz feito, tornei-me, para orgulho da família, um campeão de rodeios. Ninguém conseguia me vencer. Minha fama correu por todo o Brasil e pelo mundo afora! Moreno, queimado pelo sol escaldante, a que me expunha diariamente, as mulheres me achavam um galã. Eu namorava todas que podia. Quando uma delas começava a querer algo mais sério, como casamento, por exemplo, eu a abandonava imediatamente. A única coisa que eu queria era curtir minha fama de grande peão e homem bonito e desejado por todas.

Muitas vezes, quando me recolhia para dormir e encostava minha cabeça no travesseiro, parecia-me ouvir uma voz, alertando-me:

— Filho, você não está agindo certo! Esqueceu tudo, novamente!

Nesse momento, sentia uma fisgada no peito, mas nunca dei atenção a isso. Virava para o lado, acomodando-me na cama, e só acordando na manhã seguinte, muito tarde, pois ninguém queria incomodar o reizinho da casa! Diziam: "Coitadinho, ele foi dormir muito tarde, deixa descansar"!

Parte 14

A Mulher Proibida

Após muito procurar, sem sucesso, não encontrei ninguém para casar e constituir uma família. Então decidi: "Não vou procurar mais! Aqui na fazenda existem moças lindas e de boa família, que conheço desde que nasceram. Pois é aqui que vou escolher uma e me casar com ela".

Mandei selar um cavalo e saí em visita aos colonos. Conversei com várias moças bonitas, porém, não eram inteligentes, e se havia uma coisa que eu exigia nas mulheres com quem me relacionava era beleza e inteligência. Certo dia, cavalgando desanimado pela estrada que conduzia à minha casa, passou por mim um cavalo, em desabalada carreira, puxando uma charrete que conduzia uma mulher que tentava fazê-lo parar, sem êxito.

Ao deparar com meu cavalo, que quase foi atropelado, parou, subitamente, com o solavanco. A mulher foi precipitada para fora da charrete, vindo cair sobre mim, que com o impacto do seu corpo, fui jogado ao chão. Ela agarrou-se a mim e rolamos por alguns metros, descendo por uma ribanceira. Quando paramos, ela estava em meus braços, sem sentidos. Olhei-a, embasbacado, pensando em voz alta:

— Meu Deus! Como é linda! Que cabelos maravilhosos! Que pele macia e bem cuidada!

Permaneci por alguns instantes diante daquele rosto angelical achando que um anjo caíra do céu e foi jogado diretamente em meus braços.

Ela abriu lentamente os olhos, que pareciam dois pedacinhos tirados do céu de tão azuis, e olhou-me atordoada:

— Meu Deus! Ainda estou viva?

Ainda mais encantado com o som de sua voz, que, para meus ouvidos, parecia mais um canto de passarinho, respondi:

— Foi um tombo e tanto! Se não tivesse caído em cima de mim, não sei o que teria lhe acontecido.

Esforçando-se para levantar-se, ela respondeu, constrangida:

— Desculpe! Sinto muito ter lhe causado tamanho transtorno. O senhor está bem? Não se machucou?

— Não, está tudo bem. E com você, está tudo bem? Não está sentindo nada?

Ajeitando as vestes, respondeu:

Tudo bem! Parece que não me feri.

Após ajudá-la subir o barranco, perguntei:

— De onde vem? Nunca a vi por estes lados! E olha que conheço a todos por aqui, pois moro nesta fazenda desde que nasci.

— Faz pouco tempo que vim morar aqui. O senhor deve conhecer meu marido. É Germano Moura, filho do fazendeiro criador de gados. Um dos maiores desta região. Saí para dar um passeio. Gostaria de conhecer as pessoas da vizinhança. Sabe? Vivo muito só; meu sogro está doente, tem idade avançada, e meu marido é quem cuida dos negócios e das propriedades. Não tem tempo para me fazer companhia.

Quase não a ouvia. Enquanto falava, eu a olhava sem conseguir desviar os olhos dos seus. Mas, quando disse "MEU MARIDO", parece que a terra se abriu debaixo dos meus pés. Sem prestar atenção no que ela dizia, eu pensava:

“ Não é possível! Quando a vi, tive certeza de que é a mulher que procuro para dividir minha vida.”

De repente, fui tirado dos meus pensamentos:

— Senhor, senhor! Está sentindo-se mal? Parece que não me ouve?

Disfarçando meu mal-estar, respondi, tentando parecer normal:

— Desculpe-me, está tudo bem! Só estava lembrando-me da maneira como nos conhecemos. Estranho, não acha? A senhora foi lançada nos meus braços, como se tivesse caído do céu.

Ela soltou uma gostosa, gargalhada mostrando duas fileiras de dentes que mais parecia um colar de pérolas brancas como a neve. Eu, cada vez mais encantado, pois tudo nela me fascinava, consegui dizer:

— Será que é para rir? Eu prefiro pensar que é coisa do destino, pois acredito muitíssimo no destino!

— Ora! Se o destino existe, o meu já está traçado, e saiba que não estou nada contente com ele!

— Por quê? A senhora faz parte de uma família que detém as maiores fortunas destas redondezas! Conheço muito bem seu marido e seu sogro. Tanto o pai como o filho são famosos por estes lados.

Baixando os olhos, respondeu-me, tristemente:

— É verdade, são ricos, muito ricos. Todavia, isso não me traz nem um pouco de felicidade. Conhece sua fama, deve saber do que estou falando.

Penalizado com sua expressão melancólica, respondi, segurando suas delicadas mãos:

— Imagino como deve ser sua vida, pois os dois não fazem outra coisa a não ser acumular fortuna. Trabalham muito; sem contar como obrigam seus escravos trabalharem, coitados. Tenho conhecimento de que, quando um deles adoece, é abandonado na senzala, e ali esquecido, sem socorro, sem alimento e sem água, permanecendo ali até que morra. Dizem que são tratados como porcos.

Ao ouvir o que eu dizia, levantou o rosto molhado de lágrimas. Chorava copiosamente, mal conseguindo balbuciar:

— Meu Deus! Disso eu não tinha conhecimento, pois não me é permitido nem chegar perto deles! Os que servem a casa são muito calados e só respondem quando lhes perguntamos algo, e somente o necessário. Juro que estou horrorizada com o que acaba de dizer! Se soubesse de tudo isso, não teria me casado com Germano!

Arrependido por ter contado, perguntei:

— Como? Não o conhecia antes do casamento? Fico admirado, pois como eu lhe disse, a fama de ambos corre por todo o estado, e porque não dizer, por todo o país.

Segurando minhas mãos, tremendo como um passarinho assustado, respondeu-me:

— Eu não sou daqui. Venho do Rio Grande do Sul. Não descendo de brasileiros; nasci no Brasil, mas meus antecedentes são alemães imigrantes. Eu o conheci no Sul, em uma fazenda de uns amigos da minha família, onde ele foi comprar gado. Mal nos conhecemos, logo pediu minha mão aos meus pais, que aceitaram prontamente, pois achavam que era um bom partido e de boa família! Ele viajou com a promessa de que retornaria dentro de um mês. Deixou uma boa quantia em dinheiro para meu pai, para que providenciasse tudo para o casamento. Assim, aqui estou eu, casada com um homem que mais parece uma máquina de fazer dinheiro.

Eu não sabia o que dizer, de tão penalizado. Sentia muita raiva daquele idiota que tinha a sorte de ter como esposa uma mulher como aquela. Invadido por uma grande ternura, tirei meu lenço do bolso e enxuguei seus olhos, que pareciam dois rios jorrando água cristalina. Ela olhou-me tão meigamente que não consegui resistir; segurei seu rosto, acariciando-o. Sentindo seu hálito quente junto a meus lábios, beijei-a com tanta paixão, que era como se a amasse há muito tempo. Ela retribuiu meu beijo, aconchegando-se em meus braços. Daí a nos entregarmos, um ao outro, foi num instante. Amamo-nos, por muito tempo, até que meu cavalo, que fazia a corte a sua égua, relinchou, fazendo com que acordássemos do nosso sonho encantado.

Ela levantou-se, arrumou-se, subiu na charrete e partiu, sem dizer uma só palavra.

Fiquei parado, olhando-a, até que desapareceu na curva da estrada. Tomei uma decisão e disse em voz alta:

— Esta é a mulher que tanto procuro! Não a perderei jamais! Se for preciso, mato aquele desgraçado; ele não a merece mesmo!

Montei e saí a galope, decidido. Fui para casa e fechei-me em meu quarto.

Não consegui deixar de pensar nela um só instante. Lembrava de tudo o que acontecera. Falava sozinho. Agitado, andava de um lado a outro:

— Como pode ser? Jamais poderia supor que hoje encontraria a mulher dos meus sonhos! Parece impossível, mas estou perdidamente apaixonado por aquele anjo. Será que ela também me quer? Como tremia em meus braços! Acho que também se apaixonou por mim! Tomara, meu Deus, tomara! Está decidido! Farei tudo o que for preciso para tê-la, só para mim. Ela não ama aquele imbecil do

Germano! Se o amasse, não teria se entregado a mim tão facilmente.

Assim pensando, adormeci, após várias horas de meditação. Ao acordar, com o sol já alto, saí, sem nem tomar meu café matinal, disposto a encontrá-la, de qualquer maneira. Fui direto para a fazenda dos Moura. No caminho, fui inventando mil desculpas que daria para inesperada visita.

Ao chegar diante do portão de entrada, encontrei Germano, que demonstrou grande espanto. Admirado, perguntou-me:

— Que o traz aqui, vizinho? Há muito tempo que não o vejo por estas bandas! Em que posso servi-lo?

Meio sem jeito, respondi:

— Obrigado, mas não existe nenhum motivo. Estava cavalgando, sem rumo, e ao passar por sua fazenda resolvi fazer uma visita, pois não nos vemos já há muito tempo, como você mesmo disse. Mas, não se prenda por mim, vejo que está de saída. Até mais ver.

Dei meia volta para me retirar, mas ele segurou a rédea de meu cavalo:

— De maneira alguma! Tenho muito prazer em recebê-lo em minha casa! Afinal, somos vizinhos há tantos anos, desde que nascemos, e quase não nos vemos! Venha, vamos tomar um café!

Era tudo o que eu queria, embora não esperasse que fosse tão de repente! Meu coração parecia que ia estourar dentro do peito, de tanta ansiedade.

Entramos em uma sala enorme. Germano convidou-me a sentar, apontando para uma cadeira:

— Sente-se, vou mandar que nos sirvam.

Assim que ele saiu, alguém entrou na sala. Voltei-me e deparei-me com ela. Estava mais linda do que quando a conheci. Seus cabelos, louros e ondulados, estavam espalhados por seus ombros. Seu rosto ficou corado ao me ver, fazendo com que ficasse ainda mais linda. Seus olhos brilhavam, parecendo duas estrelas no céu escuro.

Após alguns segundos, mostrando enorme surpresa, balbuciou, quase sem voz:

— O que faz aqui? Meu Deus! Será que enlouqueceu?

Antes que eu abrisse a boca para responder, Germano chegou. Ao vê-la, tomou-a nos braços, para o meu desespero, beijando-a na face:

— Napoleão, está é Laura, minha esposa. Casamos no Sul, onde a conheci, em uma viagem de negócios que tinha com seu pai.

Tentando conter a emoção, segurei sua mão trêmula e a beijei. Fingindo o maior respeito, consegui dizer, olhando-a nos olhos:

— Muito prazer, senhora.

Virando-me para ele, fingi surpresa:

— Não sabia que havia se casado! Meus parabéns! É linda sua esposa! Bem se vê que não é daqui. Por estas bandas não tem nenhuma mulher que se compare a tanta beleza e delicadeza!

— Tem razão, caro amigo! – respondeu, envaidecido.

— Por isso fui buscar uma tão longe. Mas, e você? Não pensa em se casar? Olha que está na hora, hein? Se não me engano, acho que temos a mesma idade!

Respondi, olhando diretamente para Laura:

— É verdade! Está mais do que na hora! Acontece que, como você disse, por estas bandas não tem nenhuma mulher que me agrade, mas estou decidido a conquistar aquela que me interessar, e quando a encontrar, nada, nem ninguém, me impedirá de fazê-la minha esposa!

Batendo com uma das mãos em meu ombro, Germano disse, brincalhão, mas que me soou como um aviso:

— Cuidado! Não vá se apaixonar por uma que já seja casada, hein? Primeiro, tem que saber se está livre! Você conhece a fama dos homens daqui! Liquidam, sem dó nem piedade, a quem tentar tirar o que lhe pertence!

Ao dizer isso, deu uma gargalhada, como se estivesse me desafiando. Em tom mais desafiador ainda, respondi, encarando-o:

— Pois se eu gostar da mulher e ela de mim, enfrentarei qualquer obstáculo. Até mesmo um marido machão!

— Conheço bem sua fama de valente – respondeu, desviando os olhos. — De qualquer forma, escute o meu conselho. Faça como eu, procure uma bem longe daqui.

— Confesso que já tinha pensado nisso, mas acho que não será necessário, pois já encontrei a mulher dos meus sonhos por aqui mesmo.

— Não diga! E quem é a felizarda, podemos saber? Não vai dizer que é casada, hein? Se for, tome cuidado, tome muito cuidado! – disse ele em tom de ameaça.

Muito seguro de mim, respondi:

— Não se preocupe! Você será o primeiro a saber, tão logo esteja tudo resolvido.

Laura, visivelmente nervosa, interrompeu-nos:

— Se me dão licença, vou me retirar. A conversa de vocês não me agrada.

Germano, com ares de dono absoluto, beija-a:

— Claro, querida! Pode retirar-se, afinal, a conversa não tem nada a ver com você mesmo.

Como Laura se retirou, e eu não tinha mais nada que fazer ali, pois era ela o motivo de minha visita, despedi-me em seguida:

—Também me retiro, caro Germano. Tenho que meditar para pôr em prática minha decisão. Desculpe ter tomado seu tempo e o de sua linda esposa.

Saí dali mais decidido do que nunca, pois as ameaças de Germano não me tiraram a vontade de ter aquela linda mulher como minha esposa e mãe dos meus filhos. “Eu a procurei durante muito tempo, em toda parte, e não vou perdê-la para outro, agora que a encontrei”.

Assim pensando, fui para casa. Recolhendo-me em meu quarto comecei a arquitetar planos sem encontrar nada que pudesse pôr em prática. O dia passou sem que eu percebesse, só me dei conta disso quando bateram à porta do quarto. A serviçal entrou segurando uma bandeja:

— Desculpe, patrão, mas o senhor não comeu nada o dia todo. Fiquei preocupada! Por acaso, está doente? Quer que chame o médico?

Como que acordando de um sono profundo, respondi:

— Não, está tudo bem! Dormi o dia todo. Pode deixar aí que eu me sirvo.

Alimentei-me rapidamente. Após tomar um banho, vesti-me e fui plantar-me em frente à casa de Laura na esperança de vê-la na varanda. Não demorou muito e ela apareceu em uma janela. Sem hesitar, peguei uma pedra e joguei em sua direção. Assustando-se, entrou rápido fechando a janela.

Senti vontade de pular o muro e ir bater em seu quarto, mas, nesse momento, um vulto de homem apareceu na varanda, olhou para os lados, entrando em seguida. Pensando melhor, resolvi ir embora:

— Não posso me precipitar e estragar tudo. Pelo que vi, Laura tem verdadeiro pavor do marido. Coitada! Não sei como aguentou hoje pela manhã. É melhor ir embora.

Mal amanheceu o dia, saltei da cama e saí a caminhar em direção à fazenda do vizinho. Distraído, caminhava de cabeça baixa, quando, de repente, percebi alguém a minha frente. Erguendo a cabeça lentamente, estupefato, não podia acreditar no que meus olhos viam. Laura! A minha amada estava ali, diante de mim, linda, em seu traje de cavalgar. Não consegui emitir sequer uma palavra! Ao ver meu espanto, ela sorriu:

— Está admirado por me ver aqui?

Num fio de voz, respondi:

— Nem imagina como! Como conseguiu sair tão cedo? Seu marido não a viu sair?

— Germano saiu antes. Ele viajou para uma cidade longe daqui. Assim, aproveitei para dar um passeio, logo cedo, pois sou madrugadora! Gosto de aproveitar o ar fresco da manhã. Faço isso sempre que posso.

Dei um passo à frente, tentando pegar suas mãos, mas ela retraiu-se:

— Por favor, não se aproxime. Não quero que aconteça o mesmo que aconteceu no outro dia! Estou muito arrependida. Sou uma mulher casada; jamais deveria ter feito o que fiz! Por favor, esqueça tudo. Não se aproxime mais de mim nem da minha casa.

Sem pensar mais em nada, abracei-a, desesperado, procurando seus lábios:

— Não me peça isso, por favor! Não vê que estou louco por você? Não consigo pensar em mais nada desde que a conheci! Você é a mulher com quem sempre sonhei. Busquei-a por toda parte! Procurei alguém como você em todos os lugares. Em todas as mulheres! Agora que a encontrei, não a deixarei nunca!

Assustada, Laura começou a chorar:

— Está louco? Não pode ser assim! Sou casada. Apesar de tudo, Germano é um bom marido! Estou conformada com a vida que levo.

Apertando-a contra meu peito, beijei-a, não a deixando prosseguir. Só de pensar na hipótese de ela ir embora, nem conseguia raciocinar!

A muito custo, ela conseguiu desvencilhar-se dos meus braços. Olhei-a, bem dentro dos olhos, gritando

— Que tipo de mulher é você? Se está bem com seu marido, como diz, como se entregou a um homem que nunca viu? Será que você é uma vadia que sai por aí ostentando sua beleza, para conquistar a qualquer um que encontre em seu caminho? Responda! Vamos! Diga que está longe de ser a mulher meiga que tive em meus braços.

Laura cravou seus olhos nos meus; as lágrimas desciam pelo seu rosto. Sem dizer uma só palavra, montou e saiu, chicoteando o cavalo, sem olhar para trás. Fiquei desesperado, sem saber o que fazer. Sentei-me na relva ainda molhada pelo sereno da noite. Ao voltar para casa, tranquei-me em meu quarto, não atendendo a ninguém que solicitasse minha presença. Durante vários dias permaneci alheio a tudo e a todos. O capataz, vendo meu estado e procurando conversar comigo sobre os assuntos da fazenda, sem obter nenhum resultado, procurou um dos meus irmãos e contou-lhe o que se passava. Meu irmão Solano veio imediatamente à minha procura. Ao ver-me, espantou-se:

— Napoleão! O que há com você? Está irreconhecível! Está doente? Por que não mandou me avisar antes? Você precisa de um médico, com urgência!

— Não se preocupe. Não preciso de médico. Só quero que me deixem só! – respondi, exasperado.

Alterando a voz, ele respondeu:

— Como é que não vou me preocupar? Você está abandonando a fazenda nas mãos dos empregados! Se continuar assim, vai destruí-la, e isso eu não vou permitir! Vou lhe dar um aviso: se você não se cuidar, vou reunir nossos irmãos e propor que nós tomemos conta de tudo. Não vamos permitir que acabe com todo o trabalho de uma vida inteira de nossos pais. Vamos consultar um médico. Ou então se abra comigo e conte-me o que o está afligindo.

Colocando a mão em seu ombro, tentei acalmá-lo:

— Está bem, sossegue! Amanhã mesmo vou procurar um médico, embora possa lhe garantir que não estou doente! É apenas a solidão que está tomando conta de mim.

— Então, venha comigo! Passe uns dias lá em casa; você vai se distrair com as crianças.

— Talvez eu vá mesmo. Vou colocar algumas coisas em ordem, por aqui, depois, quem sabe, eu apareça por lá.

— Está bem, mas vê se não demora. Até breve.

Eu disse a coisa certa, mas só para que ele fosse embora. Assim que saiu, fui direto para as redondezas da fazenda vizinha na esperança de ver Laura. Fiquei horas na espreita. À tardinha, já desanimado, ela apareceu na varanda, olhou para os lados, cautelosa, como se procurasse alguém.

Escondi-me, na esperança de que ela saísse, o que, realmente, para minha alegria, aconteceu. Sentindo-se só, começou a passear, parando, de vez em quando, e observando tudo em seu redor. De onde eu estava podia avistar todo o jardim. Saindo dali, ia-se direto para o pomar. Coloquei meu cavalo em um local com capim em abundância, para que ele não fizesse barulho, e pulei a cerca, indo atrás de Laura. Ao ver-me, ficou branca como cera. Levou a mão à cabeça, seu corpo balançou para lá e para cá. Prevendo que iria desfalecer, corri e a amparei em meus braços, a tempo de que não caísse ao chão.

Ao sentir seu corpo junto ao meu, não resisti; comecei a beijá-la, com sofreguidão. Deitei-a no chão e, sem pensar nas consequências do meu ato, dei vazão à paixão contida dentro de mim.

Laura começou a voltar a si lentamente. Ao perceber o que estava acontecendo, gritou desesperada:

— Largue-me, seu monstro! Alguém me ajude! Por favor! Socorro!

De repente, ouvi barulho de passos atrás de mim. De um salto, pus-me de pé, já com minha arma na mão. Ao deparar-me com Germano, também empunhando sua arma, atirei rápido, atingindo-o no peito. Laura correu para junto dele. Também me aproximei e percebi que estava morrendo. Ele olhou-me com tanto ódio que cheguei a estremecer. Antes que exalasse o último suspiro, eu disse a ele, sem o mínimo respeito que o moribundo merecia:

— Eu lhe avisei, meu irmão, que quando encontrasse a mulher certa, ela seria minha, custasse o que custasse. Infelizmente, para você, Laura é essa mulher.

Antes de morrer, Germano, lançando-me um olhar cheio de ódio, amaldiçoou-me:

— Maldito! Você me pagará muito caro. Vou persegui-lo para sempre. Não o darei um minuto de sossego, enquanto não me vingar!

Laura, debruçada sobre o corpo do marido, gritava feito louca:

— Germano, perdoa-me! Sou a culpada de tudo! Eu provoquei isso, com a minha falta de força de vontade! Fiz o que nunca deveria ter feito, sendo uma mulher casada. Não sei dizer o que me aconteceu no dia em que conheci esse desgraçado! – virando seu rosto coberto de lágrimas para mim, vociferou, com olhar cheio de rancor:

— Assassino! Você pagará por isso, desgraçado! Eu o odiarei por toda minha vida! Suma da minha frente! Não quero vê-lo nunca mais.

Inexplicavelmente, uma calma tomou conta de mim. Segurei Laura pelos ombros, fazendo com que se levantasse:

— Venha, meu amor! Vamos embora. Não temos mais nada a fazer aqui. As coisas aconteceram como tinham que acontecer.

Laura gritava, enlouquecida, tentando se soltar das minhas mãos, que a seguravam firmemente:

— Me solta, monstro! Você acabou com a minha vida! Não vou com você a parte alguma! Quero que me deixe em paz!

Sem dar atenção ao que ela dizia, levantei-a e carreguei-a em meus braços até onde estava meu cavalo, saindo em desabalada carreira, pois os empregados da fazenda vinham chegando, armados com pedaços de pau. Eu sabia que se conseguissem me pegar, seria meu fim.

Ao chegar em casa, tive a sorte de não encontrar ninguém por perto. Laura estava desacordada, por isso foi fácil carregá-la para meus aposentos sem que ninguém a visse. Coloquei-a na cama, fechei todas as janelas e portas e fui procurar Anézia, uma serviçal de minha inteira confiança. Ao encontrá-la, levei-a para o quarto, ordenando-lhe que não fizesse o mínimo ruído.

— Anézia, esta mulher, de agora em diante, vai viver nesta casa. Você será encarregada de cuidar dela. Não a deixe sair deste quarto sem minha ordem. E também não quero que ninguém a veja, nem que saiba que ela está aqui, nem mesmo o pessoal da casa, entendeu? Se fizer o que estou mandando, será muito bem recompensada; se não obedecer minhas ordens, eu a mato. Ninguém, nem daqui nem de fora, pode saber que ela está aqui, entendeu?

— Está bem, patrão, vou fazer do jeito que o senhor quer. Pode confiar em mim, como sempre.

— Sei que o fará. Por isso lhe dou esse encargo. Toma, fique com a chave; só você e eu a temos. Agora, vá cuidar de suas obrigações. Se alguém me procurar, diga que não estou em casa.

Pouco tempo depois, os empregados de Germano apareceram. Um deles gritou exasperado:

— Cadê seu patrão? Chame o desgraçado! Diga que venha enfrentar a gente se tiver coragem!

Meu empregado que os atendeu respondeu, apavorado:

— Ele não está! Se acalmem, por favor. O que aconteceu? Vocês parecem tão nervosos.

— Nervosos? Estamos é com muita raiva! O desgraçado do seu patrão matou o nosso patrão e raptou nossa patroa! Queremo-la de volta, e também a pele dele!

— Sinto, mas não sabemos de nada. Eu não vi nem ele nem ela. Acho que não vieram para cá.

— Tá bom, nós vamos ficar de tocaia dia e noite. Hora ou outra, ele vai ter que aparecer. Daí acertamos as contas com o desgraçado.

Da minha janela eu observava todo o movimento e ouvia o que diziam. Fui para o quarto onde estava Laura. Anézia estava à beira da cama:

— Desculpe, patrão, mas tive que fazer ela dormir com um safanão, pois quando ela ouviu o pessoal dela procurando pelos dois, quis gritar e entrou em luta comigo. Queria fugir de qualquer jeito. E olha que a dona é forte, hein! Quase me venceu no tapa! Mas aí eu a peguei de jeito e aí está, dormindo como um anjinho. O senhor me desculpe, mas não teve outro jeito.

— Você fez bem! Tinha que impedir de qualquer jeito que ela gritasse ou saísse. Olhe, não descuide. Ela é muito esperta. Qualquer vacilo, escapa.

— Fique sossegado, patrão. Das minhas mãos ela não sai.

Voltei para a janela para ver o que se passava. Dois homens permaneciam de guarda. Fui para o quarto e disse para Anézia:

— Vai até lá fora, agindo como quem não sabe de nada. Pergunte ao Tião o que aconteceu. Quando ele contar, finja-se espantada, faça até um drama; contudo, não deixe ninguém perceber que estamos aqui. Vou ficar escondido dentro de casa até que resolva o que vou fazer.

Comecei a pensar em como iria sair dessa encrenca. Não por temer a polícia, pois na época, éramos nós, os coronéis, quem fazia as leis. Ninguém viria prender-me, mas, se por acaso, só para manter as aparências, algum policial viesse à minha procura, eu sabia como tapar-lhe a boca. Bastavam algumas notas de contos de réis para que eu nunca fosse tido sequer como suspeito de algum crime. Não havia prova suficiente, diria a polícia. Quanto ao desaparecimento da esposa, com certeza teria fugido com algum garanhão mais rico e mais bonito do que seu velho marido. E o caso se daria por encerrado.

O problema eram os homens que estavam na tocaia. Certamente, estavam sendo bem recompensados pelo trabalho extra. Estes sim me causavam preocupação, portanto, tinha que arranjar um jeito de tirá-los dos arredores da minha fazenda, e isso eu já sabia como fazer.

Deixei passar dois dias do ocorrido. Os homens, sempre em dois, eram revezados a cada oito horas. Traziam comida e bebida para que não precisassem arredar pé dali nem por um minuto. No terceiro dia, resolvi pôr meu plano em prática. Altas horas da noite, peguei a arma mais sofisticada que eu possuía, coloquei o silenciador e saí, furtivamente, sem que ninguém percebesse, pois meus empregados, exceto Anézia, não sabiam do meu paradeiro, estavam certos de que eu estava bem longe dali. Estavam sossegados porque, diziam eles, "o patrão é muito esperto, não vai ser bobo de voltar para casa a esta altura dos acontecimentos".

Cauteloso, depois de Anézia se certificar que todos dormiam, saí pelos fundos, atravessei uma cerca de arame farpado e fui me esgueirando pelo mato. Quando vi que estava no local ideal, mirei em um dos homens e atirei. O outro tentou correr, mas recebeu um tiro nas costas, caindo, sem vida, junto ao corpo do companheiro morto. Procurando não fazer barulho, arrastei um e depois o outro para bem longe, fora das minhas terras. Entrei em casa tão silenciosamente como saí, guardei a arma e fui dormir, pensando:

— Dois já estão fora de combate. Quero ver até onde vão se arriscar.

Assim pensando, adormeci. Tive um sono agitado. Dentre os pesadelos que vinha tendo todas as noites, um fazia com que sempre acordasse aterrorizado. Via-me no meio de labaredas, caindo dentro de uma fornalha que me queimava os ossos. Apavorado, ouvia uma voz que dizia:

— João do Matto, está fazendo tudo errado! Tudo errado! Errado...

Ao acordar, sentindo sempre grande mal-estar, me perguntava:

— Por que será que venho tendo esses pesadelos medonhos? De quem será essa voz que me chama de João do Matto, dizendo que está tudo errado? Os pesadelos parecem tão reais! Acordo sentindo o calor do fogo que me queima! E quem será João do Matto? Engraçado! Às vezes chego a pensar que sou eu! Durante quase todos os meus sonhos, sinto como se João do Matto fosse o meu nome, só que não sou eu mesmo, sou outra pessoa com esse nome, mas tenho certeza que sou eu! Sinto grande confusão na minha cabeça! Não consigo entender nada! Quer saber? Não vou pensar mais nisso; são apenas sonhos e sonho não quer dizer nada! Tenho coisas mais sérias em que pensar.

Ao amanhecer, fui espiar na janela. Dali conseguia ver e ouvir o que diziam os homens que estavam ali para fazer a guarda:

— Que safados! – referiam-se aos colegas aos quais eu dera cabo da vida durante a madrugada. — Foram embora antes que a gente chegasse! Temos que comunicar o fato ao coronel, nosso patrão, pois se o criminoso voltou com a nossa patroa nesse meio tempo, não ficaremos sabendo nunca! Aí é que não o pegamos mesmo. Por onde será que eles foram, se não encontramos ninguém pelo caminho e esta é a única estrada que passa por aqui?

O outro responde coçando a cabeça:

— Vai ver foram pelo mato, pra não levarem bronca!

— É, deve ter sido isso. Vamos tomar nosso posto.

O dia passou sem nenhuma novidade. Ao cair da tarde, chegaram os dois que ficariam de guarda à noite. Ao tomarem conhecimento do abandono de posto dos colegas, comentaram enraivecidos:

— Vamos ter que comunicar o coronel e pedir que coloque outros, pois nesses dois não se pode confiar!

— Com certeza! Pode deixar que amanhã falaremos com o patrão!

De madrugada fiz tudo exatamente igual como na noite anterior. Dei cabo dos dois, escondendo os corpos no meio do mato, há alguns metros distantes dos outros.

Fui para meu quarto ver como estava Laura. Ao me ver, começou a chorar, suplicante:

— Pelo amor de Deus, Napoleão! Deixa-me ir embora! Não estou me sentindo bem! Além disso, tenho que cuidar do meu sogro! O coitado não está bem de saúde, está velho. Imagine como deve estar sofrendo com a morte do filho! Germano era o único filho; ele não tem mais nenhum parente. Está nas mãos dos empregados! Tenha piedade, em nome de Deus eu lhe rogo!

Ao vê-la assim suplicante, meiga, meu amor aumentou. Abracei-a, extravasando a paixão que guardei dentro de mim desde o dia em que a trouxe para minha casa. Implorei, entre beijos:

— Laura, meu amor, por que não esquece tudo e todos? Você está livre e é minha! Nunca vou abrir mão de você! Nem que tenha de destruir o mundo inteiro. Amo-te com toda minha alma. Juro que farei de você a mulher mais feliz deste mundo!

Sem forças para se defender, respondeu, chorando:

— Jamais serei feliz ao lado de um assassino monstruoso como você! Creio que se tivesse tentado de outra maneira, talvez tivesse me conquistado. Você me chamou de vadia por ter me entregado tão facilmente a um homem desconhecido, mas vai saber agora a razão disso. Eu menti quando disse que amava meu marido. Não era verdade. Nunca o amei. Fui criada em família muito humilde, mas temente a Deus. Por isso, não me perdoo por ter sido fraca a ponto de me entregar a você, porém, eu tinha um forte motivo para fazer o que fiz. Hoje, acho que agi como uma criança. Sou casada há seis meses, e não conseguia realizar meu sonho de ser mãe. Era obcecada por esse desejo. Queria ter alguém para amar e ser amada, pois nunca soubera o que era amor. Casei-me, ou melhor, meu pai casou-me com Germano movido pela ambição do dinheiro dele. Éramos pobres. Germano conheceu meu pai em uma viagem que fizera para comprar gados na fazenda onde morávamos. Ao ver-me, decidiu que se casaria comigo. Em troca de uma boa soma em dinheiro, fui cedida a ele em casamento; esta é a minha história. Obcecada pelo desejo de ter um filho, pensei: "Já que meu marido não consegue me fazer um filho, vou procurar outro homem, mas só para engravidar, depois, nunca mais o verei. Assim, saí à procura de alguém. Encontrei muitos homens por aí, mas os achava feios e sem graça! Queria que o pai do meu filho fosse bonito, elegante. Até que encontrei você, que preenchia todos os requisitos exigidos por mim. Entreguei-me a você, mas confesso que experimentei algo que nunca havia sentido antes. Se você tivesse agido diferente, com certeza me conquistaria. Agora, tenho horror a você. Por favor, deixe-me ir embora. Quero voltar para junto dos meus pais. Quero esquecer tudo e recomeçar minha vida longe daqui.

Abraçando-a respondi:

— Não, não posso deixar que se vá! Eu a amo loucamente! Se é como diz, fique comigo! Garanto que lhe darei o filho que tanto deseja e muitos outros mais! Você é a mulher que venho procurando há muito tempo, para ser minha esposa e mãe dos filhos que pretendo ter. Eu lhe peço, tente me ver por outro lado! Tudo o que tem acontecido é normal por aqui! Se não conseguimos o que queremos por bem, fazemos o que for preciso para conseguir. Se seus pais a venderam para um desconhecido, é por que não a amam! Então, não vale a pena voltar para junto deles!

Ela segurou minhas mãos entre as suas, implorando:

— Se me ama tanto quanto diz, prove, deixando-me ir embora. Do contrário, prefiro morrer a ficar com você!

Confesso que senti pena ao vê-la tão frágil e suplicante, mas meu egoísmo falou mais alto. Soltei minhas mãos das suas carinhosamente e, com firmeza, respondi:

— Sinto muito, Laura, mas não posso deixá-la partir. Se isso acontecer, não responderei pelos meus atos! Sou até capaz de matá-la! Por isso, pense bem antes de tomar qualquer atitude.

Saí deixando-a em prantos. Dirigi-me para meu ponto de observação, pois estava na hora da troca de plantão da manhã. Ao chegar e não encontrando ninguém no posto, um deles esbravejou furioso:

—Vou embora! Não fico mais aqui! Se o patrão quiser, que venha ele montar guarda.

O outro respondeu, seguindo-o:

— Também vou! Isto aqui está muito estranho. Sinto cheiro de perigo no ar.

Resolvi ficar ali por um tempo para ver o que acontecia. Algum tempo depois, apareceram quatro homens:

— Esses covardes ficaram foi com medo! Vai ver que alguém daí de dentro os ameaçou e os medrosos saíram correndo. Acertaram as contas com o patrão e foram embora. Ah, se fosse o filho dele! A coisa ia ser bem diferente. O bicho era macho de verdade. Garanto que entrava aí dentro e acabava com quem encontrasse pela frente! Vamos ver se hoje tem macho pra mexer com a gente. Vão levar chumbo do grosso, ora se vão!

Fui para casa com um sorriso nos lábios:

— Podem esperar, seus valentões! Aproveitem bem seu último dia nesta terra!

O dia passou rápido. Ao cair a noite, os homens ficaram impacientes, pois os substitutos não apareciam. Eu estava preparado para aproveitar qualquer descuido. Um deles disse:

— Vou até lá ver se encontro aqueles moloides. Vocês aguentam aí que já volto.

Rápido e silencioso como um tigre, dei a volta beirando a cerca que era muito bem fechada, chegando em certo ponto onde podia vê-lo sem ser visto. Assim que ele apontou em uma curva, prostrei-me diante dele de arma engatilhada:

— Eis aqui o macho que vocês procuram.

Antes que ele pudesse colocar a mão na arma, dei dois tiros em seu peito. Com os olhos arregalados, o homem caiu, sem dar um gemido.

Voltei rápido ao meu posto e esperei. Sabia que não podia vacilar. Após meia hora, um deles disse olhando o relógio:

— Acho que o safado foi embora! Vou ver se o alcanço.

Saiu apressado. Ao avistar o companheiro morto, assustou-se. Ao voltar-se para avisar os outros dois, deu de cara comigo, de arma em punho:

— Quer conhecer um macho que vive dentro da fazenda? – dei-lhe tempo para que pegasse sua arma –, pois aqui está ele. Nem terminei de falar e estourei seus miolos com um tiro.

Resolvi não sair dali, pois sabia que não ia demorar muito e os outros viriam pelo mesmo caminho. Dito e feito, mas dessa vez não esperei. Assim que apareceram, atirei em ambos, que caíram em cima dos dois que eu matara pouco antes. Não escondi os corpos, pois achei que já estava na hora de dar um fim naquela situação. Voltei para casa e fiquei à espera dos acontecimentos, entretanto, nada mais aconteceu. Não apareceu ninguém para ficar de tocaia. No dia seguinte, logo cedo, chegou um carro da polícia, desceram dois policiais que perguntaram por mim. O empregado que os atendeu respondeu que aguardassem do lado de fora. Logo os atendi, pedindo que entrassem. Um deles, que era meu conhecido, me cumprimentou:

— Olá, Napoleão! Como vai? Há quanto tempo não nos vemos!

— Por sua causa. Já o convidei várias vezes para um churrasco aqui em casa, mas você há muito tempo não tem me dado o prazer da sua visita. O que o traz aqui hoje?

Sentou-se e, coçando a cabeça, meio sem jeito, respondeu-me:

— Desculpe, amigo, mas tenho que lhe fazer algumas perguntas não muito agradáveis.

— Pois fique à vontade. Diga do que se trata e o ajudarei no que estiver ao meu alcance – respondi com a tranquilidade de quem não tem nada a temer.

— Ontem foram encontrados, não muito longe daqui, oito corpos de empregados da fazenda vizinha à sua. Mais uma vez lhe peço desculpas, mas, por acaso, você ou alguém daqui sabe me dizer algo sobre isso?

Respondi calmamente:

— Não, absolutamente. Não vi nada e creio que nenhum dos meus empregados viram, caso contrário, com certeza me diriam. Como foi que morreram? Foram atacados por alguma fera?

— Não, todos foram mortos a tiros. Quatro morreram ontem; foram encontrados hoje pela manhã por dois homens da fazenda que se dirigiam para cá. Os outros quatro já estão mortos há alguns dias; foram encontrados no meio do mato, fora de suas terras.

Demonstrando espanto, exclamei curioso:

— Que coisa, hein? Vocês suspeitam de alguém?

— Não, nem faço ideia de quem tenha feito isso. Sabe como é, por estas bandas matam até mesmo sem motivo! Tenho que lhe fazer mais uma pergunta, mais uma vez pedindo desculpas. Alguém da fazenda me disse que foi você quem matou Germano. Isso é verdade?

— Sim, mas foi em legítima defesa. Se não atirasse nele, EU estaria morto a essa hora – respondi calmamente:

— Infelizmente, tenho que lhe pedir que vá até a delegacia, mas, não se preocupe, farei o boletim de ocorrências em seu favor.

Ao dizer isso, deu-me uma piscadela, acompanhada de um sorriso maroto. Despediu-se com um aperto de mão:

— Te espero amanhã, logo cedo. Até mais ver.

Assim que saíram, fui ver Laura. Encontrei-a chorando baixinho. Ao ver-me, ajoelhou-se a meus pés, implorando:

— Napoleão, pelo amor de Deus, deixe-me ir embora! Se não atender ao meu pedido, juro que tudo farei para pôr fim à minha vida! A partir deste momento deixarei de me alimentar. Prefiro morrer a viver com você.

Confesso que senti pena daquela mulher, por quem esperei, durante tanto tempo, para ser minha companheira para o resto de minha vida. Entretanto, não a queria deste modo. Queria amá-la e ser amado por ela também. Queria formar uma família feliz. Passei várias horas pensando na situação quando, finalmente, o sono chegou. Tive um pesadelo horrível. Vi-me, novamente, no meio de uma grande fogueira que me queimava até a alma! Sentia tamanha dor que jamais pensei pudesse existir. Sem conseguir me mexer ou falar, podia ouvir meus próprios gritos. Finalmente, consegui sair daquela fogueira. Via-me em um lugar que me era familiar, e uma pessoa, da qual não me recordava de onde conhecia, dizia-me, com lágrimas nos olhos:

— João do Matto, meu filho! Você esqueceu de tudo! Foi muito fraco, deixando-se arrastar pelas forças do mal! Estou desapontado com você! Todo meu trabalho para ensinar-lhe que o mal não pode vencer nunca foi inútil! Você jogou por terra a minha confiança!

Envergonhado, implorei:

— Perdoe-me! Por favor, perdoe-me!

— É muito fácil errar e pedir perdão! Tornar a errar e pedir perdão, novamente! Infelizmente, nada posso fazer em seu favor! Retorne para sua vida atual e reflita sobre ela. Reveja suas atitudes, converse com sua consciência, converse com Deus. Peça-lhe que o oriente e, para seu próprio bem, siga sua intuição. Só assim terá uma nova chance de ser perdoado pelos seus erros.

De repente, acordei. Comecei a analisar meu pesadelo:

— Que estranho! Novamente me vi ardendo no meio daquela fogueira e, em seguida, naquele lugar tão bonito! Aquele homem me falava com tanta doçura! Sei que o conheço! Ele me falou coisas que por várias vezes já senti martelarem em minha cabeça! Será que já vivi naqueles lugares? Mas, como pode ser? Será que já morri e nasci de novo? Nunca acreditei nessas bobagens. Muitos afirmam que renascemos muitas vezes. Parece-me tudo tão real! Gostaria muito de encontrar alguém que me esclarecesse sobre o assunto, mas não conheço ninguém a quem possa recorrer!

Após algum tempo, sem que o sono chegasse, dirigi--me até o quarto de Laura. Ela dormia, mas, com certeza, como eu, estava tendo pesadelos, pois seu sono era agitado. Balbuciava coisas que eu não entendia. Em certo momento, começou a falar, em prantos:

— Não! Não posso concordar com isso! Você é um assassino! Eu até poderia dizer que estou apaixonada por você, todavia, não posso aceitar sua conduta. Você não respeita os sentimentos das pessoas! Tem que ser tudo do jeito que você quer. Vive dizendo que me ama, mas, que tipo de amor é esse que me mantém sua prisioneira, destruindo a todos que tentam me libertar?

Chorava desesperada, entre soluços, que parecem um punhal penetrando fundo em meu coração. Confesso que senti uma ponta de remorso. Saí dali, rapidamente. Voltei para meu quarto. Deitando-me na cama, pensativo:

— Meu Deus! Será que estou errado agindo deste jeito? Amo-a e, pelo que a ouvi dizer enquanto dormia, ela também me ama! Então? Como posso estar errado se nos amamos?

Acho que ela está confusa. Com o tempo vai compreender que o que estou fazendo é o melhor para nós. Quando a vejo, tão suplicante, tenho vontade de deixá-la ir, todavia, se a deixo partir, não voltará, tenho certeza! Mesmo que me ame ela tem seus escrúpulos, que, para mim, são tolos, mas para ela não. No entanto, o que adianta tê-la presa aqui, se ela nunca vai se entregar a mim por vontade própria? Se cada vez que a possuo tem que ser à força, sempre ouvindo seus soluços e lamentações? Ah, meu Deus! Eu daria tudo que possuo para tê-la em meus braços, espontaneamente, vibrando de paixão!

Com estes pensamentos, adormeci. Vi-me caminhando entre nuvens ao lado do homem o qual sempre tinha a impressão de já conhecer, há muito tempo, mas não sabia de onde. Ele colocou a mão sobre meu ombro suavemente:

— Querido irmão! Ouça os meus conselhos! Ainda há tempo, embora já tenha contraído muitas dívidas com nosso Pai, pois os crimes que acaba de cometer não foram tão perfeitos como lhe parece. Você os escondeu dos homens, mas Deus, que tudo vê e ouve, não foi enganado! Ele lhe cobrará, um por um. E com muito mais vigor do que você usou em seus atos criminosos.

— Então nada me adianta querer me redimir agora! Os crimes por mim cometidos foram muitos. Não tenho como voltar atrás!

— É verdade, você não tem como voltar atrás; contudo, terá como redimi-los, pois nosso Pai é sábio e misericordioso. Você terá que resgatar suas dívidas a duras penas, mas, se continuar errando, não terá chance alguma. Seu sofrimento irá aumentando na medida em que seus crimes forem praticados! Portanto, ouve-me enquanto é tempo, pois não sei até quando terei permissão para aconselhá-lo.

Ficarei muito triste quando isto acontecer. Minha missão, em relação a você, terá sido um fracasso total. Não voltarei a fazer contato com você enquanto não mudar sua conduta. Já fiz tudo o que me foi permitido para tentar salvá-lo. Agora, a decisão é sua. Não tenho permissão para obrigá-lo a fazer o que não quer fazer, pois já é um Espírito bem esclarecido.

— Não tenho coragem de me separar de Laura. Não conseguirei mais viver sem ela! Eu a amo mais do que a mim mesmo!

Batendo levemente em meu ombro, respondeu:

— Esse será seu primeiro ato, para sua redenção, perante Deus. Eu já o alertei! Seu resgate será difícil, porém, justo, você não acha? Agora tenho que ir. Espero reencontrá-lo, novamente, com outro tipo de conduta, que espero ser bem diferente que a que você tem tido até hoje. Você vai ter a oportunidade de ver e reviver toda sua vida espiritual, antes desta sua reencarnação. Verá o que está a ponto de perder para sempre. Quero que saiba que só dependerá de você reconquistar tudo ou não. Adeus, querido irmão!

Acenando com a mão, foi sumindo entre as nuvens. De repente, eu me vi dentro de um hospital, onde tive a nítida certeza de já ter sido internado ali. A mesma cama onde permaneci por longo período, tendo sempre aquele amável homem a meu lado, cuidando de mim com ternura, aconselhando-me e ensinando-me. Num relance, já me encontrava em outro lugar, junto a pessoas maravilhosas, revendo cenas que muitas vezes presenciei em meus sonhos. Lembrei-me que já vivera ali por muito tempo, recordando-me de minha vida espiritual. Era como se estivesse voltando para casa, após uma longa viagem. Eu chorava, cheio de felicidade e emoção! Meu Deus! Como tudo aquilo era lindo!

De repente, acordei assustado, com os gritos de Anézia.

— Patrão, patrão, acorda, venha depressa!

De um salto, abri a porta, apreensivo.

— O que foi, mulher? Parece que viu fantasma!

— Dona Laura, patrão! Ela fugiu! Me perdoa! Eu estava muito cansada! Desde que ela chegou nunca mais dormi direito; hoje o cansaço me dominou e eu acabei pegando no sono. Ela pegou a chave que deixei cair, sem perceber, e foi embora. Quando acordei, procurei por toda parte, lá no quintal, no jardim, até lá no começo da estrada. Mas tá tudo tão escuro que não dá pra ver nada! Pega os homens, patrão, e vai atrás dela! Se for depressa, o senhor alcança; ela não deve estar muito longe. A pé e nessa escuridão, o senhor alcança rápido!

Com uma calma que há muito tempo não sentia, coloquei a mão em seu ombro:

— Calma, Anézia! Não se preocupe! Volte a dormir. Você deve estar mesmo muito cansada! Desculpe por eu ter abusado de você. Vá e descanse o quanto precisar. Sua missão acabou. Não vai mais ter que ficar de vigia. Tire o dia de amanhã para descansar, depois retome às suas funções normais nesta casa. E, muito obrigado por tudo.

Com os olhos arregalados, Anézia espantou-se:

— Como? O senhor não vai atrás dela? Eu não estou entendendo! Vai deixar ela ir embora, assim, sem mais nem menos? Por quê?

— Sim. Vou deixar que vá embora. E não faça mais perguntas, está bem?

Anézia retirou-se, resmungando. Voltei para a cama, deitei-me e pus-me a pensar:

— Meu Deus! No que transformei minha vida! Sempre tive tudo de bom; nasci e cresci em uma boa família, sendo muito amado por meus pais e irmãos. Fui um menino obediente e estudioso, um bom rapaz, nunca fiz mal a ninguém, sempre respeitei minhas namoradas. Por que me transformei tanto ao conhecer Laura? Ela é o amor que sempre sonhei. A mulher que busquei em todos os lugares, para ser minha companheira, por toda vida! No entanto, tornei-me um assassino por causa deste amor. Por quê, meu Deus? E agora, o que faço? Como é que vou me redimir de todas as minhas culpas? O mal que fiz às pessoas e à Laura está feito! Não há como voltar atrás!

Chorei todas as lágrimas que eu podia derramar. Senti-me um pouco aliviado. Acabei dormindo. Após algumas horas, acordei, sentindo na boca um gosto amargo. Permaneci deitado, sem ânimo para nada. Pensei em Laura.

— Pobre Laura! Que fiz de sua vida? É uma pobre infeliz! É certo que deve ter sofrido muito quando foi vendida por seus pais a um homem que nem conhecia, mas mesmo assim, levava uma vida tranquila. O destino foi cruel conosco ao colocá-la em meu caminho! Todavia, se é esse o nosso destino, temos que suportá-lo com resignação, e esperar que Deus, em sua infinita misericórdia, tenha compaixão de nós ou pelo menos dela, pobre coitada, que não teve culpa pelos meus erros. Quanto a mim, sei que pagarei muito caro pelo mal que lhe fiz, pois viver sem ela será um castigo insuportável.

E assim foi. Meu sofrimento pela ausência de Laura e pelo remorso que sentia aumentava a cada dia. Anésia cuidava de mim como se fosse seu filho. Tristonha, passava o tempo todo tentando me reanimar:

— Patrão, pelo amor de Deus, se anime! O senhor não pode continuar assim! Tem que se alimentar, sair um pouco de dentro de casa!

Comovido com sua ternura, eu respondia, acariciando suas mãos que me afagavam:

— Ah, querida Anézia! Por mais que me esforce, não consigo esquecer Laura! Vejo-a em tudo que existe em minha volta! Meu amor por ela não me deixa viver em paz! Só não ponho fim a minha vida porque sei que isso aumentará a minha dívida com Deus, que já é tão grande.

Anézia se benzeu, horrorizada:

— Pelo amor de Deus, patrão! Confia n'Ele! Entregue sua vida totalmente em Suas mãos. Ele o iluminará, tenho certeza. O senhor reconhece que errou! Isso já é um passo para que Ele o perdoe! Não se esqueça nunca, que todos somos Seus filhos, e Ele nos ama igualmente, sem distinção!

— Obrigado por suas palavras de conforto. Eu não sabia que você era tão sábia no que se refere a Deus! Eu a conheço desde que nasci. Estudamos juntos e nunca tivemos aulas de religião. Nunca soube que tenha ido a uma igreja, pois meus pais faziam suas orações na capela, aqui mesmo, na fazenda, e me lembro bem que todos oravam em silêncio; portanto, você não aprendeu com eles!

— É verdade, ninguém me ensinou a orar, mas aprendi, por mim mesma, que para orar é preciso somente que elevemos nosso pensamento e nosso coração. Lá nas alturas, onde está Deus, Ele nos escuta, onde quer que estejamos; só precisamos conversar com Ele com muita fé e respeito, dizendo tudo o que está em nosso coração. Segundo ouvi dizer, quando Jesus viveu neste mundo, Ele não tinha uma igreja para orar nem palavras decoradas, Ele conversava com seu Pai celestial, que também é Pai de todos nós, onde quer que estivesse. Deste modo, Ele nos ensinou a trilhar o caminho do bem e da virtude, assim como seus pais e os meus nos ensinaram, simplesmente, mas com muita sabedoria, o respeito por nossos semelhantes.

Enquanto ela falava, eu via passar pela minha mente toda minha vida, inclusive os crimes hediondos praticados por mim. Desabafei todo meu arrependimento, amparado pelos braços de Anézia. Vendo aquela mulher tão simples e ao mesmo tempo tão sábia e devotada a Deus, sem conseguir me conter, ajoelhei-me a seus pés, suplicando:

— Anézia, perdão por ter lhe obrigado a participar dos meus mau-feitos. Por ter feito com que se calasse quando ordenei que tomasse conta de Laura, mantendo-a presa em seu quarto. Por que não me desobedeceu?

Enxugando as lágrimas, respondeu:

— O que eu podia fazer? O senhor estava meio louco! De nada ia adiantar eu recusar! O senhor mandaria outra pessoa fazer o serviço. Eu, pelo menos, não a maltratei, pelo contrário, sempre a respeitei, tratando-a com carinho. E quer saber de uma coisa? Pode me castigar, se quiser, mas hoje, dou graças a Deus por ela ter fugido. E agradeço muito a Ele por não ter deixado o senhor ir atrás dela.

— Também agradeço a Ele, pois não quero prejudicar mais ninguém. Tenho muito que pagar pelos meus crimes. Estou disposto a passar por tudo o que sei que terei de passar. Sei que não vai ser fácil, mas, com muita fé em Deus, tenho certeza que vou conseguir.

— Também tenho certeza que vai. E desde já pode contar com a minha ajuda para o que der e vier. Eu o ajudei a fazer coisas erradas, por conseguinte, nada mais justo que paguemos juntos por elas, não é?

Enternecido, segurei suas mãos:

— Obrigado, Anézia! Agradeço e aceito sua ajuda, que me será de grande incentivo. Contudo, não se exponha ao sofrimento, pois você só cumpriu minhas ordens. A única coisa que lhe peço é que nunca mais concorde comigo quando mandá-la fazer qualquer coisa errada, e que puxe minhas orelhas com muita força se eu insistir.

— Pode ter certeza que puxarei – respondeu tentando alegrar-me. — Agora venha, precisa alimentar-se.

— Não tenho vontade. Comerei algo mais tarde.

— Negativo, meu senhor! Vai agora mesmo, ou já vai querer levar o primeiro puxão de orelhas?

Segui-a, obediente, pois era assim que eu desejava que fosse. Temia que, se não tivesse alguém de pulso firme a me guiar, não conseguiria reagir. Por isso, fiz tudo do jeito que me ordenou.

Parte 15

A Hora do Resgate

Assim, com Anésia a me guiar como se eu fosse um bebê dando os primeiros passos, segui minha vida, procurando vigiar todos os meus atos para não mais cometer erros. O tempo foi passando lentamente. Os meus dias e noites eram sempre iguais; tristes e sem nenhuma esperança de que algo de bom acontecesse. Anézia, sempre ao meu lado, tentava distrair-me. A meu pedido, nunca mais tocou no nome de Laura.

Passados alguns meses, encontrava-me em meu quarto, deitado, sem ânimo para nada, meio adormecido, quando, de repente, percebi alguém ao meu lado. Abri e fechei os olhos com força, pois acreditava estar sonhando. Laura estava ali, junto a mim. Ela aguardou alguns instantes, e como eu permanecia calado, perguntou com a voz trêmula:

— Não quer falar comigo? Se não quiser, basta um gesto e eu saio.

Incrédulo, mal consegui balbuciar:

— Não, Laura! Fique! Estou surpreso com sua presença! Achei que estava sonhando com você, como sempre acontece. O que a fez vir até aqui? Já sei, veio para dizer-me o quanto me despreza, o quanto me odeia por todo mal que lhe causei, mas, acredite em mim, eu juro por tudo o que há de mais sagrado em minha vida, que tudo o que fiz foi por amor! Sei que agi de maneira errada, mas não encontrei, ou melhor, não busquei, na minha ânsia louca de ter você só para mim, um meio certo de conquistá-la. Quando dei por conta, já havia praticado todo tipo de atrocidade, dando motivos para que me odiasse. Por isso, quando fugiu daqui, não fui atrás de você. Deixei que partisse, para que pudesse cuidar de sua vida, a qual eu tanto prejudiquei.

— Está enganado, eu não o odeio. Se assim fosse, não me daria a esse trabalho. Voltei por dois motivos sérios. O primeiro é que, por mais que lutasse contra, descobri que o amo, muito. O segundo motivo é muito mais sério; estou esperando um filho seu, e não importa sob que circunstância ele foi concebido, ele é seu, e eu tinha que lhe comunicar, mesmo porque não sei o que fazer, pois meu sogro está à beira da morte e, mesmo assim, não me deixará ficar na fazenda quando souber que estou grávida. Fiquei muito tempo aqui em sua casa depois que meu marido morreu. Sendo assim, ele saberá que esse filho não pode ser de Germano.

Não conseguindo esconder minha emoção, abracei-a, cobrindo-a de beijos.

— Meu amor! Não se preocupe com mais nada. Se quiser, pode ficar aqui desde já. Casaremos o mais rápido possível. Prometo que a farei esquecer tudo o que a fiz sofrer!

— Não posso ficar agora. Tenho que voltar para casa e comunicar a meu sogro que vou embora. Não posso sair sem dizer nada. Direi que vou para a casa de meus pais. Se ele souber que venho morar com você, começará tudo de novo. Ele lhe tem um ódio muito grande, por você ter matado seu único filho. Além disso, tenho que pegar meus pertences pessoais.

— Não vou impedi-la de agir do modo que quiser, mas a aconselho a não voltar para lá. Tenho medo que ele lhe faça algum mal! Não precisa se preocupar com seus pertences, pois amanhã mesmo iremos comprar tudo o que você precisar. Fique, por favor! Já que tomou essa atitude, tenha coragem agora! Juro que não se arrependerá!

— Acho que tem razão. Está bem, a sorte está lançada, ficarei com você.

Dois meses se passaram. Laura estava feliz com sua barriga já despontando. Estava no sexto mês. Não saía de casa, pois tinha receio que seu sogro, achando que eu a havia raptado novamente, mandasse alguém sondar minha fazenda. Mas nada aconteceu durante esse tempo.

Certo dia, um dos meus empregados, que tinha ido até um boteco existente nas redondezas onde a peãozada costumava se encontrar, para ver se colhia alguma informação, procurou-me:

— Patrão, enquanto eu estava no boteco, apareceu um dos peões da fazenda do sogro da dona Laura, falando que o sogro dela morreu ontem. Foi enterrado lá na fazenda, perto do filho dele, hoje de manhã. Eles estão procurando a dona Laura, pois ele não tem nenhum parente. Ela é a única herdeira de tudo o que ele deixou. E olha que a herança não é pouca não, hein?

Comuniquei a Laura o acontecido e perguntei:

— O que pretende fazer? Pela lei, tudo é seu agora!

— Não tenho a menor ideia! Eu sabia que ele estava no fim da vida, mas mesmo assim, fui pega de surpresa. Coitado! Não vou dizer que não sinto a morte dele; sempre foi como um pai para mim.

— Sinto muito, querida! Mas vamos ver pelo lado bom; agora estamos livres para vivermos nossa vida e criarmos nossos filhos. Nós vamos ter um monte deles, hein?

Você não fez tudo o que fez porque queria ser mãe? Pois agora terá quantos filhos quiser!

— Infelizmente, não podemos voltar atrás – respondeu melancólica. — O que está feito não há como ser modificado. Portanto, vamos tocar nossas vidas do jeito que Deus achar que deve ser.

Abracei-a, com um nó no peito. Calei-me. Aquelas palavras me tocaram fundo fazendo-me pensar:

"Que seja feita a vontade de Deus. Estou pronto para mais uma vez saldar minhas dívidas para com Ele."

Os meses passaram rápidos. Numa linda manhã de sol, nasceu meu primeiro filho. Era lindo e forte como um tourinho. Ao segurá-lo em meus braços, parecia que carregava o mundo inteiro. Minha felicidade era tamanha que, daquele momento em diante, eu e Laura esquecemos de todo nosso passado. Parecia que tudo havia se apagado no tempo. Finalmente, tínhamos tudo para sermos felizes. Éramos duplamente ricos, pois Laura herdou uma grande fortuna de seu sogro. Juntamos nossas terras formando a maior fazenda do Mato Grosso em criação de gado de corte.

Com o passar dos meses, porém, algo começou a nos preocupar. Nosso menino aparentava ser uma criança normal, entretanto, começamos a notar que ele não pegava os brinquedos que lhe eram oferecidos, nem ao menos esboçava reação alguma quando lhe mostrávamos algo!

— Querido! – disse-me Laura aflita. — Olha uma coisa, o Joãozinho só pega o brinquedo quando coloco em sua mão! Ele age como se não enxergasse o brinquedo! Estou preocupada! Já há algum tempo que venho notando isso!

— Por que não me disse antes? Deixe-me tentar.

Segurei o brinquedo bem próximo do seu rostinho, e ele não fez nenhum gesto para pegá-lo, como se não o estivesse vendo, mas, assim que o sentiu em suas mãos, brincou com ele alegremente. Olhei para Laura, que já se debulhava em lágrimas; abracei-a em prantos, sem conseguir falar nada. Acho que, naquele momento, derramamos todas as lágrimas que tínhamos. Segurei suas mãos, entre as minhas, com ternura:

— Querida, é muito difícil admitir, mas temos que encarar a verdade, embora nos faça sofrer muito! Nosso filhinho é cego!

Laura levou as mãos à cabeça, desesperada:

— Não! Eu não aceito isso! Castigue a mim, meu Deus, não meu filhinho! Ele é uma criança inocente, que não tem culpa dos nossos erros. O Senhor está sendo injusto com ele!

As palavras de Laura caíram em mim como uma ducha gelada. Num relance, relembrei tudo o que se passou desde o dia em que nos encontramos e como ele foi concebido. Parece que a terra se abriu debaixo dos meus pés e eu estava sendo tragado. Sem saber o que fazer, soltei um grito tão forte que me fez retornar à terrível realidade. Não obstante a dor que sentia naquele momento, em vez de me revoltar contra Deus, como fez Laura, afastei-me, deixando que ela chorasse todas as suas lágrimas, embalando e beijando carinhosamente o filhinho assustado.

Fui para meu quarto. Sentei-me na cama e, segurando a cabeça com as mãos, comecei a falar alto, como se alguém estivesse ali me ouvindo: "Está acontecendo exatamente como o homem dos meus sonhos me disse. O resgate pelos crimes que cometi vai ser terrível! Meu bom Deus, não lhe peço que nos poupe pelo que temos que passar, mas sim que nos dê coragem para suportar tudo, com paciência e resignação, principalmente para Laura, cuja culpa não é nada perante a minha. Eu confio em sua justiça divina e sei que o Senhor lhe dará forças. Ela é mãe extremosa e seu amor a ajudará. Quanto ao que me cabe, farei o possível para ser um bom pai e marido".

Laura entrou no quarto. Coitada, estava com os olhos inchados de tanto chorar. Sentou-se a meu lado, acariciando meu rosto:

— Querido, temos posses para cuidar do nosso filhinho. Vamos procurar algum médico que possa nos ajudar. Não vamos nos desesperar antes do tempo. Deve haver uma cirurgia ou tratamento que o faça enxergar. Se for preciso, viajaremos para outra cidade ou até mesmo outro país. Confiemos em Deus! Ele sabe o que faz.

Assim foi feito. Percorremos várias cidades e países, porém, médico algum deu-nos alguma esperança. A conclusão de todos, após vários exames, foi unânime: "Seu filho nasceu cego e não há nada que indique uma doença, sendo assim, não há como tratá-lo. Infelizmente, ele nunca poderá enxergar".

Voltamos para casa muito tristes, mas com o coração cheio de amor, resignação e coragem para cuidarmos do nosso filho, aceitando assim, a vontade de Deus.

Quando nosso menino completou um ano, Laura deu-me a notícia que teríamos outro filho. Exultante de alegria tomei-a nos braços, junto com Joãozinho, beijando-o:

— Ouviu, filhinho? Mamãe vai nos dar outro bebê. Ele será seu irmãozinho e vai brincar muito com você!

Laura disse com os olhos molhados:

— Queira Deus que ele realmente possa brincar com o irmão!

— Por que diz isso, querida? Acaso tem algum pressentimento?

— Sim. Desde que descobri que estou grávida, tenho tido uma sensação estranha. Estou feliz porque vamos ter mais um filho, contudo, não consigo me sentir tranquila! Não sei explicar!

— Ora, meu amor! Você está com medo por causa do que aconteceu com Joãozinho. Tenha fé em Deus! Correrá tudo bem e nosso filho há de vir com bastante saúde. Você vai ver!

Laura sorriu, acariciando o filho:

— Você está certo, querido, é só impressão minha. Nosso filho virá com saúde, com a graça de Deus!

Laura fazia questão de cuidar ela mesma do filho. Eu a ajudava no que podia. Ela engordara muito na segunda gravidez, mas o médico dizia que era normal, pois ela tinha que se alimentar bem para a criança nascer forte e com saúde. "Está tudo bem" – dizia.

O tempo passou rapidamente e, certa noite, Laura entrou em trabalho de parto. Sentia dores horríveis. Não saí do seu lado um minuto sequer, apesar da insistência de Anézia, para que eu fosse descansar um pouco. Sofri muito durante esse período. Temia que Laura não suportasse tanta dor e morresse, deixando-me sozinho com meu filho, ainda tão pequenino. Saí do quarto, para que ela não visse meu desespero. Nunca em minha vida havia me aproximado tanto de Deus como naquele momento. Pedi perdão pelos meus crimes, implorando pela vida de Laura e da criança que lutava para nascer. A noite parecia não ter fim e, já na tarde do dia seguinte, ouvi um choro de criança. Ajoelhei-me, agradecendo a Deus por tudo ter terminado, mas, logo em seguida, ouvi os gritos de Laura. Corri para o quarto:

— Doutor, o que aconteceu? A criança já nasceu, então, o que há com Laura? Ela está mal?

O médico empurrou-me para fora sorrindo:

— Sim, um já nasceu, mas tem mais! E pelo que estou sentindo, não é só mais um! Acredito que tem pelo menos mais dois!

Ao ouvir essa notícia, exultei de alegria! Saí do quarto, ajoelhei-me, agradecendo a Deus:

— Obrigado, meu Deus! Obrigado por tamanha bênção! O senhor acaba de fazer de mim o homem mais feliz do mundo.

Passado algum tempo, comecei a ouvir choro de crianças, quando, finalmente, o médico me chamou:

— Parabéns! Você é pai de mais quatro bebês! Estou estupefato! Nunca presenciei ou tive conhecimento de tal acontecimento.

Corri para junto de Laura entre feliz e aflito. Não sabia se perguntava se ela estava bem ou se as crianças estavam bem! Ela, percebendo minha indecisão, disse sorrindo:

— Estou muito bem, querido! Sossegue e vá conhecer sua ninhada!

Meio atordoado, olhava para um, depois para outro, sem saber o que dizer. Por fim, voltei-me para Laura. Acariciando seu rosto, agradeci, muito emocionado:

— Obrigado, querida! Você me deu quatro filhos lindos! Mas que pressa a sua, hein? Quer encher a casa rápido, não é? Que surpresa maravilhosa você me fez!!! Não sei como lhe agradecer!

Ela retribuiu meu carinho, dizendo:

— Mas eu sei! Indo embora deste quarto e me deixando descansar, pois estou exausta! Você também deve estar muito cansado, portanto, vá dormir um pouco. A luta que nos espera não vai ser fácil! Temos cinco leõezinhos para criar.

Concordei com ela. Antes de sair, perguntei ao médico:

— Doutor, está tudo bem com as crianças? Há algum problema com eles?

— Não, não notei nada de anormal. São perfeitos, o que é de se admirar, sendo quadrigêmeos! Sossegue! Seus filhos são cheios de saúde.

Beijei Laura e os meninos e fui para outro quarto descansar. Tomei um banho e deitei-me, agradecendo a Deus mais uma vez. Adormeci rapidamente, pois estava exausto. Imediatamente, apareceu o meu amigo dos sonhos:

— Está feliz, não é?

— Sim, estou muito feliz! Já tenho a família que tanto sonhei ter. Imagine só! Minha família já conta com sete pessoas. Não é uma bênção de Deus? Chego até a pensar que não mereço tanto.

— Não se entusiasme demais. Os desígnios de Deus são imprevisíveis. Às vezes, acontecem coisas que nem sonhamos!

— Por que diz isso? Acaso está querendo dizer que não devo me alegrar com a dádiva que acabo de receber?

— Não, apenas estou prevenindo-o por algo que possa acontecer não do jeito que você deseja. Não esqueça que você e Laura têm contas a ajustar com Deus. Dívidas que contraíram com Ele e com vocês próprios! Não sabemos como essas dívidas serão resgatadas, mas lhe peço, aconteça o que acontecer, que tenham coragem para suportar o que está reservado para vocês. Embora a culpa dela não seja tão grande como a sua, terão que resgatá-las juntos, pois ela tem saldos de dívidas a serem resgatadas, e o que ela está passando agora será de grande ajuda para seu crescimento espiritual. Por isso você terá que ser forte por você e por ela. Ajude-a e estará ajudando a você também. Saiba que terão de passar por duras penas, mas esta é a sábia maneira de Deus para o crescimento de ambos! Parecerá a vocês, em algum momento, que Ele está sendo injusto, mas, um dia, conhecerão a verdade e verão que Ele não comete injustiça nunca!

— Você não pode me adiantar algo sobre o que teremos que enfrentar?

— Não posso lhe dizer nada a respeito, mesmo porque, ao acordar, não se lembrará de muita coisa que conversamos agora!

Foi se afastando, desaparecendo em uma luz azulada, dizendo:

— Adeus, irmão! Confie em Deus, pois Ele sempre sabe o que é melhor para nós!

Dormi até o sol nascer, acordando com uma sensação estranha! Em vez da alegria da véspera com o nascimento dos meus meninos, senti uma tristeza imensa, a qual não sabia explicar o porquê! Lembrei-me do sonho, porém nada do que o homem me disse sobre o que eu e Laura teríamos de passar. Tentando livrar-me daquele sentimento, disse a mim mesmo:

— É só impressão minha! Toda vez que sonho com ele acordo com essas coisas na cabeça! Vou ver minha mulher e filhos, pois ontem estava tão cansado que não voltei mais ao quarto dela.

Ao entrar no quarto, encontrei Laura amamentando um deles. Os outros dormiam como anjos. Beijei-a, carinhosamente:

— Bom dia, querida! Dormiu bem?

— Sim, dormi feito uma pedra! Trazer estes meninos ao mundo não foi nada fácil! Que surpresa boa Deus nos fez mandando logo quatro de uma só vez, não é? Teremos que ter muita paciência e saúde para cuidar deles!

Beijei a testa de Laura. Nesse momento, aquele pressentimento que sentira ao acordar voltou à minha mente. Parecia ouvir uma voz me dizendo: "Terão que ser muito fortes para suportar o que virá pela frente". Procurei afugentar aquele sentimento, dizendo a Laura:

— Sim, meu amor, temos que ser fortes e corajosos. Acima de tudo, temos que ter muita fé em Deus e aceitar tudo o que nos está reservado. Somente Ele sabe a razão e o porquê do que acontece em nossas vidas. Por mais que achemos injusto, Ele não faz nada para nos prejudicar. Somos todos Seus filhos e Ele sempre nos dá o direito a uma nova chance para nos redimir dos nossos erros. Para isso, teremos que pagar, com o bem, o mal que fizemos ao nosso semelhante, em encarnações passadas.

Laura olhou-me, admirada. Acariciando meu rosto, disse comovida:

— Nossa! Que coisas estranhas você está dizendo! No que está pensando? Está preocupado com algum dos meninos?

Como que voltando de um estado de torpor, respondi, procurando mostrar serenidade:

— Não, querida, fique tranquila! Não há nada com os nossos meninos. Nem sei por que eu disse essas coisas! – tentando acalmá-la, brinquei com o que estava mamando:

— Olha como mama esse aí! Ei, mocinho! Vê se deixa um pouco para seus irmãos, hein?

Laura sorriu, acariciando o filho.

Após cinco meses do nascimento dos meninos, Laura disse-me:

— Napoleão, estou preocupada com os meninos. Tenho observado que eles não brincam com as mãos e os pés, como fazia o Joãozinho quando era bebê. Ele brincava muito com os pezinhos e as mãozinhas, mas os meninos dificilmente mexem com as mãos! Eles não seguram meu dedo quando coloco em sua mão! As perninhas estão sempre na mesma posição! Além disso, acho que eles dormem demais!

Assustado, mas não querendo deixar Laura ainda mais preocupada, procurei brincar:

— Deve ser por preguiça! Os danadinhos têm cara de preguiçosos!

— Acho que não é caso para brincadeiras. Seria melhor levá-los ao médico!

— Tem razão, mas não vamos nos preocupar antes do tempo! O médico terá uma explicação para isso. Fique tranquila.

No dia seguinte, logo cedo, dirigimo-nos para o consultório do médico que, após examiná-los cuidadosamente, disse:

— Aparentemente, os meninos estão bem, mas o normal, nessa idade, é as crianças começarem a segurar o que lhes é colocado nas mãos, segurar os pezinhos... mas eles não seguram nada...!

Laura, tão assustada quanto eu, perguntou aflita:

— Doutor, será que tem algo grave com eles? O que acha que pode ser?

— Não posso afirmar nada, pois não sou especialista em crianças, mas vou lhes indicar um médico que tem larga experiência no assunto.

Assim começou nossa via-sacra aos médicos. Consultamos dezenas deles. As opiniões eram sempre as mesmas. Para nossa tristeza, nossos meninos eram crianças excepcionais. Não iriam se desenvolver mentalmente. Não iriam andar nem falar. Conseguiam enxergar, porém os médicos não sabiam dizer até quando. Enfim... seriam eternas crianças, dependentes, até o final de sua existência.

Enquanto o médico ia dando os resultados finais, eu me lembrava do que o homem dos meus sonhos me dizia sempre:

— O resgate pelos seus crimes será muito difícil, mas terão que suportar e carregar a cruz até o fim! Confie em Deus e aceite Sua vontade. Um dia verão que valeu a pena. A recompensa virá, pode ter certeza!

Ao ouvir a sentença do médico, Laura perdeu os sentidos. Ao voltar a si, armei-me de toda coragem que tinha, abracei-a com uma calma que eu próprio estranhei e disse-lhe:

— Força, querida! Nossos meninos precisam de nós! Lembre-se, são cinco seres indefesos dos quais teremos que cuidar com muito amor, carinho e paciência! Foi isso que Deus reservou para nós com Sua sabedoria, pois Ele sabe o que faz! Lembre-se que eu e você temos uma dívida a saldar! Se Ele permitiu que fosse assim, é porque quer que cresçamos espiritualmente, todos juntos. Deus não comete injustiça para com seus filhos.

Laura abraçou-me comovida:

— Tem razão, querido! Aceitemos a vontade do Pai! Tenho a mais absoluta certeza de que Ele sabe o que é bom para nós e nossos filhos. Tenho certeza, também, que nos dará forças para cumprirmos nosso destino, o qual fizemos por merecer. Se nossos filhos têm que passar por isso conosco, Deus sabe a razão.

Desse dia em diante nossas vidas foram uma eterna luta. Eu e minha mulher nos armamos de uma coragem que nunca imaginamos de que fôssemos capazes. Graças a Deus, tínhamos uma boa situação financeira para podermos cuidar dos nossos filhos.

Parte 16

Revelações que Salvam

Certo dia, quando os quatro meninos estavam com dois anos e Joãozinho com quatro, apareceu em nossa porta uma mulher mal vestida, carregando em um carrinho de mão feito a machado e com madeira rústica quatro crianças aparentando mais idade do que os nossos. Chorando, ela suplicou:

— Desculpem incomodar os senhores, mas estou pedindo ajuda para poder cuidar dos meus filhos, que são todos paralíticos. O pai deles foi morto em uma emboscada, há alguns anos atrás, quando trabalhava em uma fazenda perto daqui. Ele cumpria ordens do patrão para vigiar uma pessoa. Não sei por que foi assassinado nem por quem, pois ninguém soube ou não quiseram me dizer quem foi. Logo após a morte dele, descobri que estava grávida. Nasceram quatro crianças de uma só vez. No meu desespero até pensei em acabar com a vida de todos nós, pois eu não tinha como criar meus filhos, mas, no último instante, me faltou coragem. Com a ajuda de gente caridosa, vamos vivendo do jeito que posso. Acho que por falta de alimentação adequada, eles foram ficando doentinhos. Quando estavam em idade de começar a engatinhar, percebi que não saíam do lugar onde os colocava. Eu tentava colocar eles em pé, mas suas perninhas não obedeciam; então, para o meu desespero total, tomei conhecimento de que os meus filhos eram paralíticos. Por meio de uma pessoa de bom coração que os levou ao médico, recebi a triste notícia. Os meninos são portadores de paralisia cerebral. Infelizmente, não há nada que se possa fazer. Não posso trabalhar, pois eles precisam dos meus cuidados, dia e noite. Não tenho nenhum parente a quem pedir socorro, por isso, peço a quem possa e queira me ajudar. Eu nunca tinha vindo para cá, mas hoje, não sei explicar, parece que uma coisa me puxou fazendo que viesse bater na sua porta. Peço desculpas pelo incômodo. Adeus.

Deu alguns passos em direção à estrada. Laura chamou:

— Espere, não vá embora! Fiquei muito comovida com sua história! É muito triste. Espere um momento. Vou falar com meu marido para ver como poderemos lhe ajudar.

Entramos em casa e Laura disse comovida:

— O que podemos fazer para ajudar essa pobre gente? Dar-lhes uma boa ajuda em dinheiro não será o suficiente, nós sabemos disto, pois temos o mesmo problema e temos dinheiro, mas só isso não basta! Eles precisam muito mais do que dinheiro!

— Concordo, querida! Diga-me, o que devemos fazer além de dar dinheiro?

— A nossa fazenda é muito grande, principalmente, depois que juntamos a minha e a sua. Acho que podemos acomodá-los em uma das casas de nossa propriedade e mantê-los sobre nossa proteção, provendo o necessário para suas necessidades. É o mínimo que podemos fazer, para a glória de Deus, que nos tem dado tanta força e coragem! Se para nós a luta é tão dura, imagine para essa pobre mulher!

E assim ficou decidido. Mandamos arrumar uma casa, que ficava bem próxima à nossa, com todo conforto, e os colocamos ali.

Benedita chorava louvando a Deus:

—Ah, meu Pai! Não sei como lhe agradecer pela glória de o Senhor ter me trazido para cá! Eu sabia que o Senhor viria em meu socorro e dos meus filhinhos! Obrigada, Pai! Muito obrigada! Algum dia lhe compensarei de alguma maneira!

Eu e Laura nos abraçamos comovidos. Fomos para nossa casa conversando sobre o caso. Eu disse:

— Vê, minha querida, como são os desígnios de Deus? Você sabe quem era o pai dessas crianças que foi morto enquanto obedecia ordens para vigiar e matar alguém?

Laura arregalou tanto os olhos que parecia que iam saltar para fora das órbitas:

— Napoleão!!! Pelo amor de Deus! Não me diga que esse homem foi um dos que você matou! Meu Deus! Não pode ser!

— Pode ser sim, Laura! Esta foi uma das maneiras que Deus usou para que eu resgatasse a minha dívida para com a minha vítima. Mandou para mim os filhos dele. Agradeço a Deus por ter colocado eles no meu caminho e prometo fazer tudo o que Ele me permitir para cuidar deles, não somente com conforto material, mas com muito amor e carinho.

— Sabendo disso, o que você pretende fazer agora? – perguntei a ela:

Laura abraçou-me com lágrimas nos olhos:

— Quero que saiba que pode contar comigo, querido! Vamos cuidar de todos eles com o mesmo amor que cuidamos dos nossos filhos. Assim sendo, vamos aproveitar todas as chances que Deus nos dá.

— Laura, meu amor! Eu sim, tenho uma grande dívida para com Deus, mas você não, minha querida! Você nunca tirou a vida de ninguém; portanto, não acho justo que se sacrifique. O que você faz pelos nossos filhos já é o bastante. Quanto a mim, todo o sacrifício que fizer será pouco perante meus pecados.

— Querido, durante todo esse tempo em que estou com você e diante de tudo o que temos passado juntos para criar nossos filhos, aprendi a meditar e conversar com alguém que parece me escutar e me orientar sobre tudo. Não sei explicar, mas parece que converso com alguém que já fez parte da minha vida, em alguma época passada. Dentro da minha cabeça ouço uma voz que me diz certas coisas que parecem fatos que aconteceram comigo, mas não nesta vida. Há momentos em que me sinto como se estivesse fora do meu corpo, vivendo em outro lugar, como se eu fosse outra pessoa. Quando volto a mim, chego a sentir medo, pois às vezes me lembro de atos cometidos por mim em outra vida, que foram contra as leis de Deus. Por isso, não estou tão certa de que minha dívida com Ele seja tão menor do que a sua! Certa vez, essa voz me disse algo que me tocou fundo o coração, e me deu muita força. Senti como se alguém acariciasse meu rosto, dizendo: "Filha, tenha coragem! Você e esse homem, que a ti foi destinado, esqueceram de viver suas próprias vidas, em função dessas criaturas que Deus, na Sua infinita sabedoria, colocou em vossos caminhos. Então, tenha absoluta certeza de que tudo o que está acontecendo com vocês está transcorrendo conforme os desígnios Dele. Saiba ainda, querida Laura, que devemos agradecer a Ele tudo o que acontece em nossas vidas de bom ou ruim; é o bônus que merecemos por nossos atos aqui na Terra. Infelizmente, quando reencarnamos e crescemos, nos tornando homens e mulheres adultos, nos esquecemos do que aprendemos na vida espiritual. Alguns de nós se tornam grandes artistas, renomados doutores, cientistas, que tentam transformar tudo que existe, mas, na ânsia de conquistar fama, riqueza e notoriedade com suas invenções, se esquecem de crescer perante Deus, que é quem lhes dá toda inteligência e capacidade que possuem, para fazer o bem, aproveitando suas invenções em prol do seu semelhante. Por exemplo, o médico, que é capaz de substituir o coração de um ser humano por outro, mas não o faz por caridade, senão por uma boa soma em dinheiro, que a maioria das pessoas não pode pagar. Ou quando um artista que se dispõe a fazer shows, sem cobrar nada, para ajudar a nação, quando esta passa por alguma intempérie, e ele o faz porque isso o tornará famoso, fazendo com que sua carreira se torne um grande sucesso no mundo inteiro! A caridade se faz visando somente ao bem do outro. Não se pensa em mais nada. A pessoa caridosa esquece de si própria. Como você e seu marido estão agindo agora com os filhos gerados por vocês, e com os filhos de outra pessoa que vieram, pela vontade de Deus, bater em sua porta".

— Por isso, meu querido, estou disposta a cuidar de quantos necessitados baterem à nossa porta. Compreendi que toda caridade que fazemos a alguém, na verdade estamos fazendo para Deus e para nós mesmos. Aprendi também que não adianta nada praticarmos qualquer tipo de caridade se não colocarmos nosso coração no que fazemos.

Comovido, abracei minha esposa carinhosamente:

— Jamais imaginei que uma mulher simples como você fosse imbuída de tamanha sabedoria.

— Não, querido! Essa sabedoria, eu confesso, não a tinha. Ela me foi ensinada por alguém, e pretendo não esquecer jamais tudo o que tenho aprendido.

O tempo foi passando. A notícia de que em nossa fazenda acolhíamos crianças excepcionais espalhou-se, rapidamente. Não demorou muito tempo, apareceu em nossa porta, embrulhada em trapos, uma menina em estado lastimável! Cuidamos dela com muito amor. Como nunca apareceu ninguém para levá-la, acabou ficando conosco. Assim, de tempos em tempos, foram chegando na fazenda crianças em condições lastimáveis. Algumas eram abandonadas em nossa porta e outras eram trazidas pela família, que não tinha condições financeiras nem psicológicas para continuar a cuidar delas. Assim, em pouco tempo nossa fazenda se transformou em abrigo para crianças excepcionais. Com a graça de Deus, nunca nos faltou dinheiro nem ajuda de pessoas para que tivéssemos condições de darmos a esses seres, tão carentes de cuidados e amor, uma vida, dentro do possível, sem tanto sofrimento.

Depois de alguns anos de permanência conosco, a mãe dos quatro meninos, filhos do homem que eu assassinei, nos deixou, depois de muito trabalhar ajudando na árdua tarefa a que nos propusemos, de dar tratamento, abrigo e amor a todos que nos procurassem com um deficiente físico nos braços. Benedita teve uma passagem suave. Partiu enquanto dormia. Segundo o diagnóstico médico, teve uma parada cardíaca. Seus filhos foram ficando cada dia mais tristonhos, apesar do amor e carinho que recebiam de todos que cuidavam deles. Sentiam a falta da mãe. Não demorou muito e um deles desencarnou. Logo em seguida foram morrendo, um após o outro. Os nossos filhos, apesar de serem deficientes, apegaram-se muito a eles, não entendendo o porquê da separação. Choravam muito, apontando para o leito onde ficavam os quatro. Não aceitavam a alimentação, estavam sempre tristes. Passados dois meses da morte dos quatro filhos de Benedita, dois filhos nossos desencarnaram também, causando-nos grande tristeza. Eu sofri muito com a perda de todos eles, mas Laura, que parecia uma rocha de tanta força, me consolava, dizendo carinhosa:

— Meu querido, conforme-se! Aceite a vontade de Deus! Ele sabe o que faz!

Assim, eu conseguia forças para continuar a luta. Passaram-se seis meses. Um dia, nossos dois filhos deficientes amanheceram com uma febre muito alta. Chamamos o médico que nos ajudava, gratuitamente, e, após examiná-los, deu-nos o terrível diagnóstico:

— Sinto muito ter que lhes dar essa notícia, mas os meninos estão com meningite. Infelizmente, não há mais nada a fazer!

Abracei Laura, que se continha para não entrar em desespero, pois percebendo o meu sofrimento, mais uma vez me consolou, dando-me a força que às vezes eu não tinha.

Em menos de 24 horas os nossos filhos nos deixaram. Fizemos o sepultamento no cemitério, ali mesmo, dentro de nossas terras.

Ao voltarmos para casa, uma das senhoras que nos ajudava nos abordou:

— Seu Napoleão, dona Laura, venham ver! Não tenho certeza, mas acho que tem várias crianças com febre alta.

A meningite se alastrara. Em pouco tempo perdemos todas aquelas crianças que, em nosso coração, tínhamos como nossos próprios filhos. Logo em seguida, nosso primeiro filho, já rapaz, e que passava muito tempo nos ajudando com as crianças, também começou a sentir-se mal:

— Mãe, não estou me sentindo bem! Parece que estou queimando por dentro! Minha cabeça dói muito!

Dizendo isso, caiu, perdendo os sentidos. Desesperados, chamamos o médico que o examinou e mais uma vez nos deu a terrível notícia:

— Infelizmente, meus amigos, não tenho outra notícia para lhes dar! João também contraiu a doença!

Ficamos sozinhos, eu e Laura, depois de termos formado uma família tão grande. Procuramos nos conformar com a vontade de Deus, mas confesso que às vezes sentia-me revoltado com nosso destino. Desabafava com Laura:

— Será, Laura, que depois de tanto sofrermos cuidando de tantas crianças, anulando nossas próprias vidas, ainda merecemos passar por tudo o que estamos passando?

Triste, mas corajosamente, ela respondeu:

— Com toda certeza, meu querido! Deus, em Sua infinita sabedoria, talvez tenha exigido de nós um grande sacrifício, mas, e todo sofrimento que fizemos outras pessoas passarem? E o crescimento espiritual de todas essas criaturas que vieram, por vontade de Deus, parar em nossa casa? Deus não comete injustiça com Seus filhos. Portanto, agradeça a Ele a oportunidade que nos deu, de repararmos, pelo menos em parte, o mal que fizemos a tantas pessoas. E também, nós já estamos velhos para continuar com essa missão tão penosa. Quem garante que quem nos substituiria, isto é, se tiver alguém com coragem bastante para enfrentar luta tão difícil, o faça com o mesmo amor e dedicação que nós fizemos? Entendeu como Deus é sábio e misericordioso?

Chorando emocionado, apertei minha mulher em meus braços com ternura:

— Tem razão, querida! Deus levou antes todas as criaturas que vieram para junto de nós, para nos ensinar o crescimento espiritual, para nos mostrar que ser grande materialmente não pesa nada na balança de nosso criador. Que praticar maldades, brutalidades, desonestidades, tudo enfim que prejudique a quem quer que seja só nos leva ao sofrimento. Obrigado, Pai Amado, pelas lições tão sábias.

Parte 17

Revelação

O tempo passava lentamente. Eu e Laura estávamos velhos demais para começar algo de novo, e, quando não se tem nenhum trabalho a fazer, o tempo demora a passar. Mas, mesmo assim, passou, e chegou a vez da minha esposa querida me deixar. Fiquei só. Tive muito tempo para repensar toda minha vida durante esta encarnação e cheguei à conclusão de que tudo o que fazemos, de bom ou de ruim, de útil ou não, um dia teremos que prestar contas. Quando chegamos ao plano maior nos é permitido assistir ao filme de nossas vidas, tendo assim a oportunidade de rever todos os nossos erros. Nesse momento, sentimos vergonha de nós mesmos. Rogamos a Deus que nos deixe reencarnar, dando-nos uma nova chance. Prometemos, inclusive a nós mesmos, que vamos mudar, agir de forma diferente, mas, geralmente, nos esquecemos do compromisso assumido e nada fazemos para aproveitar a nova oportunidade. Então, Deus, que não quer jamais perder um filho, pois Ele ama a todos igualmente, nos infringe aquilo que tomamos por castigo, para que aprendamos que nossa obrigação é somente praticar o bem e a caridade. Diante disso tudo, deixo aqui o meu conselho: vigie-se ininterruptamente. Preste atenção na voz da consciência que sempre nos alerta quando estamos para fazer algo que contraria as leis de Deus, para não ter que passar por tudo o que eu tenho passado por causa de meus erros.

Assim pensando, adormeci. O meu querido amigo espiritual enlaçou-me num abraço que parecia não ter fim e, emocionado, disse-me:

— Obrigado, meu irmão querido, por ter compreendido e aceitado a vontade do nosso Pai. Espero que tenha aprendido toda sua lição, e que esta seja a última vez que tenha de passar por tanto sofrimento.

— Pode acreditar, de agora em diante vou pensar muito bem antes de agir erradamente. Por favor, irmão, esclareça-me uma coisa: por que os filhos de cujo homem tirei a vida vieram parar em minha casa e naquele estado físico?

— São os desígnios de Deus, meu caro! Lembre-se que você tirou a vida de nove homens. Preste atenção: você e Laura tiveram um filho cego e quatro filhos com deficiência cerebral. Outras quatro crianças, também deficientes cerebrais, cujo pai você sabia ter assassinado, vieram parar em sua casa, para que vocês delas cuidassem, o que fizeram com muito amor. Pois bem, eles eram os quatro homens assassinados por você, reencarnados. O marido de Laura já havia reencarnado em seu primeiro filho. Ele desencarnou cego de ódio, jurando que se vingaria de você e que o perseguiria para sempre. No entanto, ao retornar para a vida espiritual, arrependido de tanto ódio e fazendo uso do livre-arbítrio, preferiu voltar como seu filho cego. Os outros quatro homens que você matou também reencarnaram como seus quatro filhos, para que você e sua mulher resgatassem, com muito sofrimento, todo o mal feito.

— Por que as crianças tiveram que sofrer por minha culpa? Afinal, eu cometi os crimes! Nem Laura, a meu ver, merecia sofrer tanto, pois ela não tirou a vida de ninguém!

— Não se esqueça que você matou aqueles homens porque eles queriam matá-lo também, portanto, eis aí a lei da causa e efeito. Eles reencarnaram, dessa forma, para que vocês resgatassem, juntos o que deviam um ao outro! Quanto a Laura, também tinha suas dívidas, por isso teve a sua chance, como ela mesma reconheceu.

— Estou convencido de que Deus não deixa escapar nada mesmo. Podemos enganar uns aos outros, mas nunca a Ele, que tudo vê e ouve.

— É exatamente isso, meu caro. Por mais que um crime nos pareça perfeito, para Deus, ele é claro como a luz do sol. Agora, tenho que ir. Estou feliz com seu progresso, pois vejo que a minha missão em relação a você não foi em vão. Estarei à sua espera, no plano maior. Até breve, meu irmão.

No dia seguinte, levantei-me cedo e fui para o cartório, onde fiz um testamento deixando tudo o que possuía para ser distribuído entre entidades carentes. Meus irmãos, após tomarem conhecimento de que eu havia transformado minha fazenda em uma casa de caridades, nunca mais me procuraram.

Desencarnei pouco tempo depois, retornando à grande pátria, onde, para minha felicidade, encontrei meus pais e todas aquelas pessoas que outrora foram minhas vítimas, à minha espera, cheios de alegria por me verem ali. Avistei, vindo em minha direção, a minha querida Laura, que me abraçou sorridente. De mãos dadas, caminhamos pelas alamedas, floridas e perfumadas, felizes como duas crianças.

Parte 18

Advertência

Deus, em sua infinita sabedoria, deu-me nova chance de retornar à Terra para mais uma vez aprender que o mal não compensa nunca. Desta vez nasci em uma família de boa situação financeira. Estudei e me formei como um rapaz comum, porém, com grandes ambições. Queria seguir a carreira política com o objetivo de ajudar o povo do meu país. Fazia planos, elaborava grandes projetos em favor do povo mais carente, pois sentia muita pena quando via um pai sofrendo por não ter condições de sustentar sua família. Afiliei-me a um partido que acreditava ser o mais sério, e fui me inteirando de tudo o que um bom político tem que saber. Não faltava a nenhuma reunião. O presidente do partido convidou-me a sair candidato a vereador de nossa chapa, o que aceitei imediatamente, pois era tudo o que eu queria.

Começaram os comícios. Quando estava em cima de um palanque, fazia o povo delirar com minhas promessas. Todos me aplaudiam. O presidente dava-me os parabéns no final das minhas apresentações:

— Parabéns, meu jovem! Você vai longe como político! Tenho certeza que será eleito.

E assim aconteceu. Fui o mais votado do partido, ganhando as eleições como vereador. Não cabia em mim de tanta alegria. Exausto, voltei para casa e fui para meu quarto, após receber as congratulações dos familiares e vizinhos. Tomei um bom banho e deitei-me para descansar, mas, quem disse que consegui dormir? Eu não conseguia acreditar que era um vereador! Planos fervilhavam em minha mente. Eu seria o mais perfeito dos políticos! Era como se uma voz, vinda não sei de onde, me dissesse:

— Foi para isso que retornou à Terra; portanto, nunca esqueça dos seus propósitos! Você tem uma grande e abençoada missão! Aproveite sua chance de fazer o bem. Não decepcione aqueles que confiam em você!

Sorrindo, respondi em voz alta, como se estivesse conversando com uma pessoa que estava na minha frente.

— Claro que não vou decepcionar ninguém. Farei o impossível para ajudar o povo.

Assim pensando e planejando, dormi um sono profundo e reparador.

Chegou o dia tão esperado por mim. Tomei posse do meu cargo, emocionado até as lágrimas. Minha família, principalmente meus pais, não cabiam em si de tanto orgulho. Meu pai abraçou-me, dizendo com firmeza:

— Filho, nunca decepcione a mim, à sua mãe e principalmente àqueles que lhe deram seu voto de confiança! Nós o educamos com sacrifício. Até agora, valeu a pena! Lembre-se, o povo espera muito de você.

— Não se preocupe, pai! Nunca ninguém me desviará dos meus propósitos! Lutarei contra o que for preciso para ajudar este povo tão sofrido, que está sempre nas mãos de políticos inescrupulosos, que fazem qualquer coisa para se elegerem, visando somente à sua ambição.

Assim, começou minha luta. Enfrentei grandes problemas com políticos que iam contra os meus projetos, que na maioria das vezes, eram contra os deles. Mas, minha vontade de fazer o bem era tão grande que derrubava tudo e todos que iam contra minhas propostas de melhorias em qualquer setor. Durante vários anos, fui reeleito, pois fazia o possível para cumprir minhas promessas de campanha. Assim, fui galgando os degraus da política. Não revelarei meu nome para não causar polêmica, mesmo porque, fui político em várias de minhas reencarnações, sempre exercendo grandes postos como monarca, deputado, senador, governador de estado e presidente da república brasileira. Em cada reencarnação, galgava sempre um posto que me era confiado pelo plano maior. Sofri muitas perseguições dos que iam de desencontro a tudo o que sempre defendi: o bem-estar do povo. Nunca consegui realizar nem a metade do que sempre me propus, contra a minha vontade, pois muitas vezes tive de abdicar dos meus projetos que, acreditem, eram e ainda são possíveis de serem realizados pelos governantes do nosso país. Após retornar tantas vezes para a vida espiritual, posso dizer que conheço bem tudo o que existe no mundo. Por isso, afirmo, com certeza absoluta, que o Brasil é uma nação próspera, com muita riqueza a ser explorada, porém, o homem, na sua ganância de poder e ambição, pois o que mais lhes interessa é o dinheiro, a fama e o poder, não importando a quem tenham que sacrificar para alcançar seu intento, não faz a mínima ideia. Por mais que cavem o solo, nunca descobrirão a riqueza que nosso país esconde nas entranhas da terra. Somente quando chegar o dia em que o homem se convencer de que não existe e jamais existirá nada, nem ninguém que possa se sobrepor a Deus. Quando isso acontecer é que poderão ter visão e capacidade para chegar até essas riquezas, que não pertencerá somente aos poderosos, mas, sim a toda a humanidade deste país, que também terá de repartir com todos que necessitarem, pois só assim farão jus ao que Deus lhes deu gratuitamente.

Se me fosse permitido pelo plano maior, contaria coisas que certos políticos fazem, que o leitor chegaria a duvidar. Muitos, por meio de atos ilícitos, conseguem se reeleger e continuam no poder. Os cidadãos de bem lhes dão seu voto, iludidos que são por promessas de campanha que nunca serão cumpridas, embora estejam no poder há tanto tempo. Esses políticos desencarnam e reencarnam muitas vezes e são sempre alertados, pelos irmãos espirituais, de que estão agindo contra as leis de Deus, pois eles foram enviados para ajudar a quem precisa. Tanto os necessitados, que os elegem, quanto ele, o político, vieram para se ajudarem mutuamente. O descumprimento da lei divina os fazem voltar muitas vezes com a mesma missão, e, enquanto eles não se modificarem, terão que passar por várias provações, como: levar uma vida miserável, não tendo o que comer nem um teto para morar. Alguns enveredam pelo caminho do crime, matando e roubando, aumentando assim sua dívida perante Deus. Muitas pessoas têm o seguinte pensamento: "Então, quem peca nunca será perdoado por Deus, pois sempre tem motivo para continuar pecando". Não é assim. Todos nós, um dia, seremos dignos de ser perdoados, pois Deus nos deu inteligência para descobrirmos o caminho da verdade, que é uma só: obediência às suas leis divinas, que existem para o bem de todos nós, que somos Seus filhos. Não existe nada no universo que não seja criação Dele. Sendo assim, tudo tem que acontecer conforme Suas leis. Tudo é regido por vontade de Deus. Portanto, não adianta o homem querer se sobrepor a Ele.

Quando o cientista constrói algo que todos julgam fenomenal, dando-lhe os louros, achando que ele é um gênio e um grande inventor, ele simplesmente usou a inspiração que Deus lhe deu, que aliás, não é privilégio de ninguém, pois todos os seres humanos são dotados de inteligência sem limites. Basta somente que nos esforcemos para aprender a desenvolver o universo que existe em cada um de nós. Senão, veja um exemplo, existem no mundo inteiro homens e mulheres que passam a vida estudando, e existem também muitos que nunca estudaram e são capazes de desenvolver tarefas e construir coisas que parece impossível a quem estudou tanto. Não quero dizer com isso que não precisamos estudar para aprender. O estudo é fundamental para a evolução do ser humano. Quero dizer que para certas pessoas o saber já nasce com ele, e descobridor disso, ainda criança, ele não perde seu tempo com futilidades. No caso de um menino, ele começa a desenvolver suas aptidões e conhecimentos construindo brinquedos e tudo mais que sua larga imaginação alcança, com pedaços de madeira, com barro, até belos castelos na areia. Já uma menina procura imitar a mãe, brincando com sua boneca, dando-lhe banho, vestindo-a, enfim, fazendo tudo o que a mãe faz com ela. Parece que estou dizendo bobagens, não é? Mas, na verdade, estou querendo mostrar que Deus, que é o nosso criador, nos fez semelhantes a Ele, que tudo pode e tudo faz. Portanto, nós também podemos, desde que imbuídos de grande vontade. Pena que muitos homens, extremamente inteligentes, usem sua capacidade para construir armas devastadoras, que destroem muito do que é necessário para a sobrevivência de tudo o que existe no nosso planeta. Infelizmente, para quem destrói aquilo que a natureza e mesmo o homem construiu, é uma dívida que ele contrai com Deus, e que terá que ser resgatada, conforme sua vontade. Esses podem ter a certeza de que não ficarão impunes. De alguma maneira, algum dia, ele terá que resgatar sua dívida. Muitas vezes esse resgate está, segundo ele, acima de sua capacidade. Então reclama, sem parar para pensar ou sem ter nenhum conhecimento de que temos dívidas do passado — “Ah, meu Deus! Que mal eu fiz para ter semelhante castigo? Que injustiça o senhor faz comigo! Nunca fiz mal a ninguém. Mesmo porque, nas condições em que me encontro, nem tenho como prejudicar alguém, portanto, não mereço essa injustiça”.

Que bom seria se quando nos deparássemos com dificuldades e vicissitudes na vida, levantássemos as mãos para o céu, em oração, e agradecêssemos ao Senhor:

— Ó senhor, meu querido Deus! Agradeço-vos, infinitamente, pelo que estou passando, pois sei, Pai amado, que isto é o que eu mesmo reservei para mim em uma outra vida, e que o Senhor, com vossa misericórdia e movido pelo imenso amor que tendes por mim, deu-me uma nova oportunidade, permitindo-me renascer na Terra para que o Espírito cresça tanto quanto o Senhor deseja, pois tenho absoluta certeza que o Senhor me quer no caminho do bem, assim como Jesus nos ensinou, pois para isso ele viveu entre nós. Agradeço-vos, Pai, pela força que me tendes dado para que eu consiga seguir o propósito a que vim.

Voltando à narrativa referente à minha história, mais uma vez, minha passagem pela vida política teve fim. Um fim trágico, o qual o mundo inteiro acreditou ter sido provocado por um grave acidente, mas, na realidade, foi o que alguns chamam de "queima de arquivo" por parte daqueles que iam contra o que sempre defendi. Eu pretendia continuar com os planos já iniciados, que dariam condições ao povo brasileiro de ter moradia, saúde, educação e trabalho para poderem criar seus filhos com dignidade, sem que houvesse tanta miséria em nosso país, motivo esse que gera tanta violência, principalmente entre os jovens que não têm muitas opções de sobrevivência. Isso tudo acarreta dívidas com Deus sobre aqueles que têm o privilégio de ter em mãos a dádiva de fazer com que tudo isso se transforme e o planeta terra seja aquilo que Jesus nos prometeu quando viveu junto a nós: "CONHECERÁS A TERRA PROMETIDA POR NOSSO PAI CELESTIAL"!

Querido leitor, peço-lhe que, após ler este livro, reserve um tempinho, principalmente se você tiver a dádiva de exercer um cargo político, e medite seriamente sobre sua conduta e a forma como conduz sua vida. Saiba que AINDA HÁ TEMPO DE RECOMEÇAR. A ferramenta está em suas mãos!

Tiraram-me a vida, injustamente, por ganância e maldade de alguns, mas tenho fé que retornarei e continuarei quantas vezes Deus me permitir, com os mesmos ideais, até alcançar os meus objetivos.

Parte 19

Missão Cumprida

Assim, em uma das minhas passagens pela Terra, cumpri fielmente minhas obrigações para com Deus. Quando retornei ao plano maior, lá estava, à minha espera como sempre, meu guia espiritual, Ezequiel. Abracei-o com lágrimas nos olhos:

— Querido irmão e benfeitor, nem imagina como estou feliz em revê-lo!

Retribuindo meu abraço, respondeu-me:

— Mais feliz estou eu em recebê-lo de volta em tão elevada esfera! Estou orgulhoso de você, pois aprendeu, a duras penas, sua lição de casa.

— Infelizmente, não consegui fazer nem a metade do que havia me proposto quando retornei à Terra. Quando comecei a realizar meu trabalho, muitos discordaram de mim, colocando empecilhos para impedir que concretizasse meus ideais. Apesar de eu ter insistido muito com eles para unirmos nossas forças, a fim de modificar o nosso país, preferiram tirar-me do caminho e continuar com a má conduta que tinham como políticos.

— Não se entristeça, irmão, você fez sua parte! Um dia, eles também, assim como você, aprenderão a lição. Confie em Deus! Ele traçou o caminho. E todos, cedo ou tarde, terão que segui-lo. Vou lhe comunicar uma coisa que vai deixá-lo ainda mais feliz. Eu estou exultante de felicidade com a resolução que foi tomada pelos mestres do plano maior em relação a você. Eles me comunicaram que você poderá escolher sua tarefa no plano espiritual. Como você sabe, aqui temos muito trabalho. A maioria muito árduos, outros nem tanto. Caberá a você optar em qual setor pretende trabalhar.

— Como lhe disse, enquanto encarnado, eu pretendia ajudar aos necessitados da Terra. Fiz o que me foi possível. Então, gostaria de continuar auxiliando os necessitados.

— Já antevendo sua escolha, pois sempre o acompanhei em sua trajetória na Terra, antecipei-me, pedindo permissão para lhe oferecer um local que será de grande ajuda para muitos Espíritos que viveram a esmo na Terra. Mas, aviso-lhe que se trata de um lugar nada agradável. Verá coisas horríveis. Terá que presenciar o sofrimento daqueles que buscarem sua ajuda e conforto. Cabe a você aceitar a tarefa ou escolher outra mais amena.

Abracei-o, com lágrimas de gratidão:

— De jeito nenhum! Quero ajudar o máximo que puder aos meus irmãos! Aceito com muito gosto, prometendo nunca esmorecer perante o que quer que tenha de enfrentar. Confio em Deus, por isso sei que darei conta da minha missão com muito amor e dedicação.

Foi assim, querido leitor, que vim parar em cima deste muro, procurando ajudar a quem passe por aqui, ouvindo-o, aconselhando-o e dando-lhe forças para que carregue a cruz que ele fez por merecer, enquanto encarnado.

Deixem-me lembrá-los da parteira assassina que, depois de muito sofrimento e merecimento por ter aproveitado as chances que Deus lhe deu, fazendo o bem e cumprindo sua missão, que sempre foi a de auxiliar aos irmãos espirituais a reencarnar na hora do parto, alcançou o perdão divino e hoje cumpre sua missão com muito amor, trazendo à Terra esses Espíritos, muitas vezes em condições muito precárias, atendendo mulheres pobres e sem nenhum recurso, até chegar o dia em que não precisará mais reencarnar, colhendo assim, das mãos de Deus, os bônus que fez por merecer.

A pessoa que escreveu este livro foi escolhida por mim, com a permissão do Plano Maior, a pedido desta parteira que, em uma de suas últimas reencarnações, teria sido sua mãe. Espero poder ter proporcionado uma grata surpresa à escritora, a quem agradeço por ter dedicado seu tempo e atenção para a realização desta obra.

Termino por aqui as narrativas de algumas de minhas vidas de encarnado e desencarnado. Elas foram escolhidas dentre muitas que vivi durante séculos. Não há seguimento nem comparação entre uma e outra, pois cada uma foi vivida em locais e épocas diferentes.

Tenho muitas coisas interessantes para contar das tantas vidas que vivi e, se Deus permitir, voltarei a contar-lhes mais algumas delas.

FIM

Exilados da Capela (Audiobook)

Um classico da literatura espírita, com mais de 250.000 livros vendidos, agora disponível em Audiobook.

Autor: Edgard Armond

Maria, Mãe de Jesus (Audiobook)

Biografia fidedigna da Mãe de Jesus, alguns "flashes" das atividades de Maria na espiritualidade, agora disponível em Audiobook.

Autores: Diversos

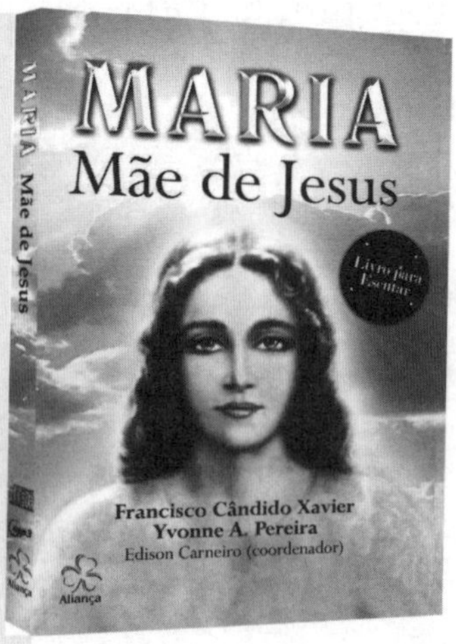

ALDELE

Aliança distribuidora e Editora de Livros Espíritas

VOCÊ SABIA

QUE DISTRIBUÍMOS LIVROS DE QUAS

200 EDITORAS ESPÍRITAS E MAIS D

7.000 TÍTULOS

Nossa Localização

Aliança

DISTRIBUIDORA

www.editoraalianca.com.br - distribuidora@editoraalianca.com.br

Rua Major Diogo, 511 - Bela Vista SP - CEP 01324-001

Tel.: (11) 2105 2600 Fax.: (11) 2105 2626